- 普通高等学校"十二五"财经专业规划教材
- 广州市重点课程配套教材

基础会计学实务

Basic Accounting Practice

苏淑欢　主　编
黄仰玲　副主编

中山大学出版社
·广州·

版权所有　翻印必究

图书在版编目（CIP）数据

基础会计学实务/苏淑欢主编；黄仰玲副主编. —广州：中山大学出版社，2010.9
ISBN 978-7-306-03716-9

Ⅰ. 基…　Ⅱ. ①苏…②黄…　Ⅲ. 会计学—高等学校—教材　Ⅳ. F230

中国版本图书CIP数据核字（2010）第148493号

出 版 人：祁　军
策划编辑：李　文
责任编辑：李　文
责任校对：丘力芬
封面设计：曾　斌
责任技编：黄少伟
出版发行：中山大学出版社
电　　话：编辑部 020-84111996，84113349
　　　　　发行部 020-84111998，84111981，84111160
地　　址：广州市新港西路135号
邮　　编：510275　传　真：020-84036565
网　　址：http://www.zsup.com.cn　E-mail:zdcbs@mail.sysu.edu.cn
印 刷 者：佛山市浩文彩色印刷有限公司
规　　格：787mm×1092mm　1/16　14.5印张　350千字
版次印次：2010年9月第1版　2021年12月第9印刷
印　　数：25001-26000册　　定　价：35.00元

如发现本书因印装质量问题影响阅读，请与出版社发行部联系调换

前　　言

　　基础会计学是一门跨学科、跨专业的专业基础课,其主要作用是为后续课程如财务会计、成本会计、审计等专业课程奠定基础。本课程一般在各有关专业的第一学期开设,是进入专业学习的"入门关"。为了使学员掌握会计操作技能,加强对会计实践的感性认识,提高实际动手能力和操作能力,从而达到巩固和加深对课程理解的目的,并解决外出实习的困难,我们编写了本书。

　　本书以仿真宏达家用电器厂2010年1月份发生的全部经济业务为依据。全书分四个部分。第一部分,会计的基本原理。主要介绍包括会计基本要素、会计核算程序、会计方法等会计基本理论的要点。第二部分,基础会计学实务的目的和操作要求。主要说明实务的目的、要求、企业简介、实习操作的具体要求和内容。第三部分,基础会计学实务的经济业务和原始凭证。主要包括外来原始凭证和自制原始凭证等资料。第四部分,基础会计学实务资料。主要提供实习操作资料,包括收款记账凭证、付款记账凭证、转账记账凭证、现金日记账、银行存款日记账、明细账、总账、会计报表等实习资料。

　　本书可用于大专院校、中专学校和高职学校基础会计学课程的补充教材,也可供在职会计人员参考使用。

　　基础会计学课程是广州市广播电视大学的重点课程,1996年经评估确认为广州市重点课程。本书由苏淑欢教授主编、黄仰玲老师副主编,参加编写的有苏淑欢教授、黄仰玲讲师、叶斌副教授、唐致欣、罗敏怡等。本书的编写还得到广州市教委高教处和广州市广播电视大学有关部门的大力支持,在此一并表示感谢。

　　由于我们的理论和业务水平有限,本书的错漏之处在所难免,恳请读者不吝指正。

编者　苏淑欢
　　　黄仰玲
2010年8月30日

作者电子邮箱

苏淑欢:shuhuans@21cn.com

黄仰玲:huangyangling886@126.com

目 录

第一部分 会计的基本原理 ……………………………………………………………（1）
一、会计核算的对象 …………………………………………………………………（1）
二、会计的基本要素 …………………………………………………………………（1）
三、会计的核算形式 …………………………………………………………………（1）
四、会计核算的基本前提 ……………………………………………………………（2）
五、会计恒等式 ………………………………………………………………………（2）
六、借贷记账法的记账规则 …………………………………………………………（3）
七、会计方法体系 ……………………………………………………………………（3）
八、收款记账凭证、付款记账凭证、转账记账凭证的选用 ………………………（4）
九、会计科目表 ………………………………………………………………………（4）

第二部分 基础会计学实务的目的和操作要求 ……………………………………（6）
一、基础会计学实务的目的 …………………………………………………………（6）
二、企业基本情况 ……………………………………………………………………（6）
三、实务操作要求 ……………………………………………………………………（6）
四、关于增值税核算的说明 …………………………………………………………（7）

第三部分 基础会计学实务的经济业务和原始凭证 ………………………………（8）
一、宏达家用电器厂2009年12月31日总分类账户余额 …………………………（8）
二、宏达家用电器厂2009年12月31日明细分类账户余额 ………………………（8）
三、宏达家用电器厂2010年1月份发生的经济业务及原始凭证 ………………（11）

第四部分 基础会计学实务资料 ……………………………………………………（73）
一、收款记账凭证、付款记账凭证、转账凭证 ……………………………………（73）
二、现金日记账、银行存款日记账 …………………………………………………（113）
三、总分类账 …………………………………………………………………………（117）
四、三栏式明细账 ……………………………………………………………………（157）
五、数量金额式明细账 ………………………………………………………………（187）
六、多栏式明细账 ……………………………………………………………………（195）
七、试算平衡表 ………………………………………………………………………（207）
八、银行存款余额调节表 ……………………………………………………………（208）
九、资产负债表 ………………………………………………………………………（209）
十、利润表 ……………………………………………………………………………（210）
十一、现金流量表 ……………………………………………………………………（211）
十二、所有者权益变动表 ……………………………………………………………（213）

第一部分　会计的基本原理

会计是以货币为主要计量单位,反映和监督一个单位经济活动的一种经济管理工作。

一、会计核算的对象

会计核算的对象如图1-1所示。

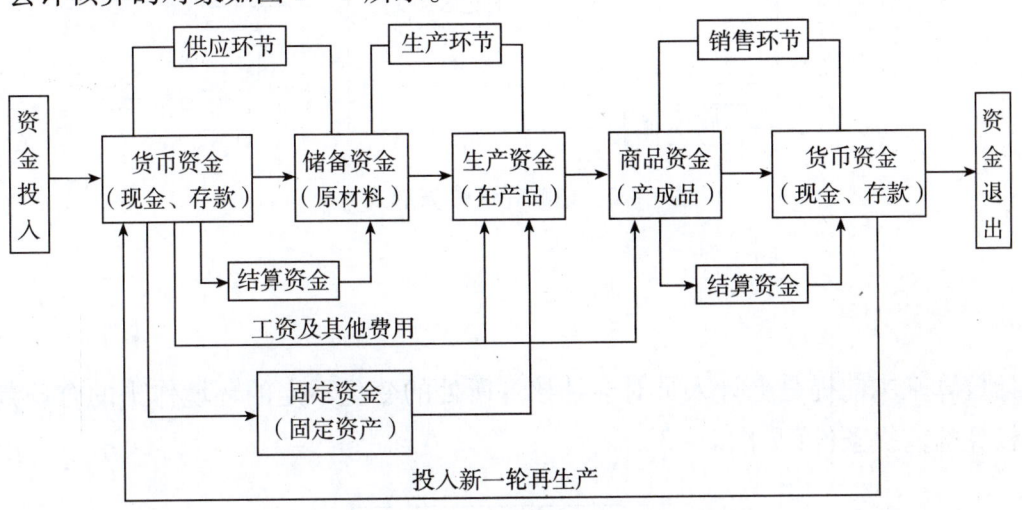

图1-1　会计核算的对象

二、会计的基本要素

构成会计报表的"元素"称为会计要素。
(1)资产负债表。资产＝负债＋所有者权益
(2)利润表。收入－费用＝利润

三、会计的核算形式

会计核算形式是指凭证编制、账簿组织、记账方法、记账程序和会计报表编制相互结合的方式,即从编制凭证到编制会计报表的核算步骤所形成的一个完整的会计信息系统。

在实际工作中有多种会计核算形式,其中最基本的会计核算形式是记账凭证核算形式。它是依据原始凭证或原始凭证汇总表编制记账凭证,再据以登记日记账、明细账,并逐笔登记总分类账,最后再根据有关账簿记录编制会计报表。

记账凭证核算形式流程图如图1-2所示。

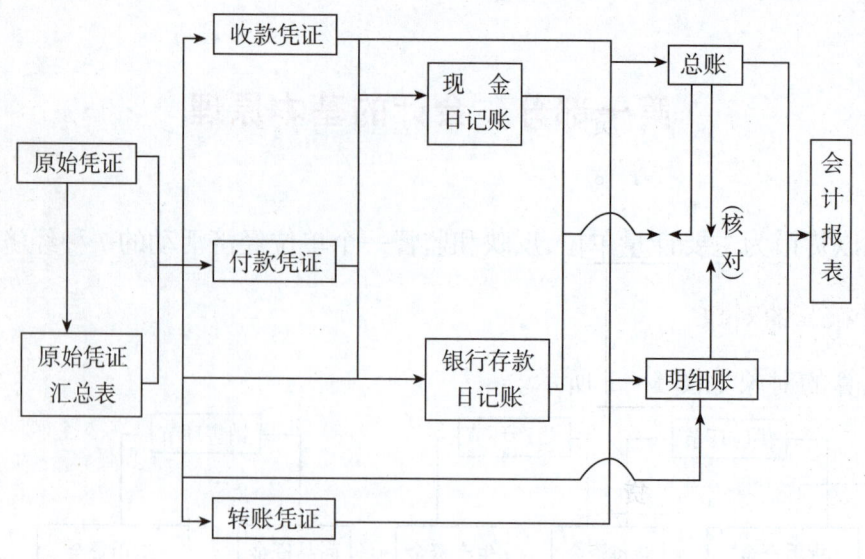

图 1-2　记账凭证核算形式

四、会计核算的基本前提

会计核算基本前提是会计人员对会计核算所处的变化不定的环境作出的合理判断，是会计核算的前提条件（见图 1-3）。

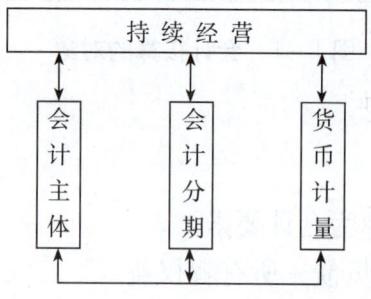

图 1-3　会计核算基本前提

五、会计恒等式

会计恒等式是抽象地反映资金运动所引起资金内部各种因素数量变化的相互平衡关系。

(1) 资产 = 权益

(2) 资产 = 负债 + 所有者权益

(3) 资产 = 负债 + 所有者权益 + 收入 - 费用

(4) 资产 = 负债 + 所有者权益 + 利润

六、借贷记账法的记账规则

借贷记账法是以"借"、"贷"为记账符号,记录经济业务的复式记账法。其记账规则为"有借必有贷,借贷必相等"。如表1-1所示。

表 1-1

	资产	负债	所有者权益	收入	费用	利润
借	增加	减少	减少	减少	增加	减少
贷	减少	增加	增加	增加	减少	增加

借　资产、费用类账户　贷	
期初余额	
本期增加数	本期减少数
本期发生额	本期发生额
期末余额	

借　负债、所有者权益、利润类账户　贷	
	期初余额
本期减少数	本期增加数
本期发生额	本期发生额
	期末余额

七、会计方法体系

会计方法有多种,会计方法的体系是指由各种会计方法相互联系、相互制约而形成有机的整体。其体系如图1-4所示。

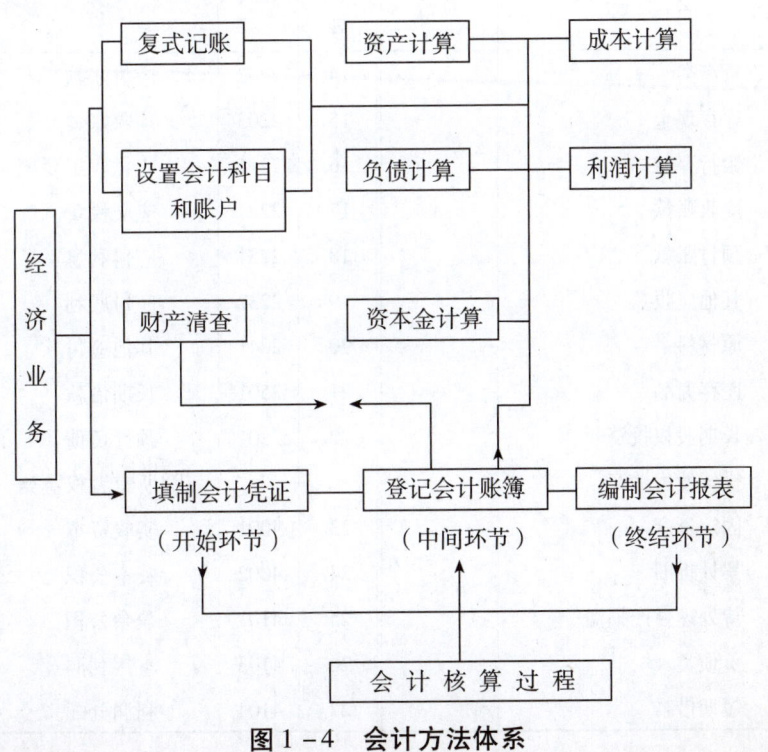

图 1-4　会计方法体系

八、收款记账凭证、付款记账凭证、转账记账凭证的选用

收款记账凭证是根据有关现金和银行存款收款业务的原始凭证填制的记账凭证,只用于现金收款和银行存款收款业务。

付款记账凭证是根据有关现金和银行存款付款业务的原始凭证填制的记账凭证,只用于现金付款和银行存款付款业务。

转账凭证是根据不涉及现金和银行存款的转账业务的原始凭证填制的记账凭证,只用于与现金、银行存款收支无关的业务。

注:货币资金(即现金与银行存款)之间发生的收付业务,只编制付款记账凭证,而不编制收款记账凭证。

$$
记账凭证\begin{cases}收款凭证\begin{cases}现金收款凭证(用于现金收入业务)\\银行存款收款凭证(用于银行存款收入业务)\end{cases}\\付款凭证\begin{cases}现金付款凭证(用于现金付款业务及将现金存入银行业务)\\银行存款付款凭证(用于银行存款付款业务及从银行提取现金)\end{cases}\\转账凭证(用于与现金、银行存款收支无关的业务)\end{cases}
$$

九、会计科目表

会计科目如表1-2所示。

表1-2 会计科目表(简表)

顺序号	编号	名称	页数	顺序号	编号	名称	页数
		一、资产类		14	2202	应付账款	
1	1001	库存现金		15	2203	预收账款	
2	1002	银行存款		16	2211	应付职工薪酬	
3	1122	应收账款		17	2221	应交税费	
4	1123	预付账款		18	2231	应付利息	
5	1221	其他应收款		19	2232	应付股利	
6	1403	原材料		20	2241	其他应付款	
7	1405	库存商品		21	2501	长期借款	
8	1511	长期股权投资		22	2801	预计负债	
9	1521	投资性房地产				三、所有者权益类	
10	1601	固定资产		23	4001	实收资本	
11	1602	累计折旧		24	4002	资本公积	
12	1901	待处理财产损溢		25	4101	盈余公积	
		二、负债类		26	4103	本年利润	
13	2001	短期借款		27	4104	利润分配	

接上表

顺序号	编号	名　称	页数	顺序号	编号	名　称	页数
		四、成本类		34	6403	营业税金及附加	
28	5001	生产成本		35	6601	销售费用	
29	5101	制造费用		36	6602	管理费用	
		五、损益类		37	6603	财务费用	
30	6001	主营业务收入		38	6301	营业外收入	
31	6101	公允价值变动损益		39	6711	营业外支出	
32	6111	投资收益		40	6801	所得税费用	
33	6401	主营业务成本					

第二部分　基础会计学实务的目的和操作要求

一、基础会计学实务的目的

基础会计学是一门跨学科、跨专业的专业基础课,其主要作用是为后续课程如财务会计、成本会计、审计等专业课程奠定基础。该课程一般在各有关专业的初期开设,是进入专业学习的"入门关"。本实务有助于加强学生对会计实践的感性认识,提高学生的实际动手能力和操作能力,从而达到巩固和加深对课程理解的目的。

二、企业基本情况

本实务操作以宏达家用电器厂2010年1月份发生的全部经济业务为实习资料。该厂为一般纳税人,有限责任公司。税务登记号为440105200632739,开户银行为中国工商银行广州分行白云路办事处,基本账号为015-8345006,电话号码为020-83345102。厂址为广州市白云路10号。增值税税率为17%。

该企业设一个车间,生产电饭煲和微波炉两种产品,生产用材料全部外购。会计采用借贷记账法核算,采用记账凭证核算程序,原材料、库存商品按实际成本计价。为简化,材料购进支付的运费全部计入存货成本。发生坏账损失计入当期资产减值损失。

三、实务操作要求

(1)根据第三部分的资料(一)开设总分类账,并登记期初余额(即2009年12月31日期末余额)。

(2)根据第三部分的资料(二)开设明细分类账和日记账,并登记期初余额。

(3)根据第三部分的资料(三)提供的宏达家用电器厂2010年1月份发生的经济业务审核外来原始凭证,填制自制原始凭证,并根据原始凭证记录的经济性质分别编制收款记账凭证、付款记账凭证和转账记账凭证。

(4)根据第三部分的资料(三)提供的宏达家用电器厂2010年1月份发生的存货发出记录登记材料、产成品明细账。

(5)根据收款记账凭证、付款记账凭证登记现金日记账和银行存款日记账。

(6)根据各种记账凭证和原始凭证登记明细分类账。

(7)根据各种记账凭证登记总分类账。

(8)月末在账证核对、账账核对无误的基础上进行月结,并编制试算平衡表。

(9)在与银行对账单核对的基础上编制银行存款余额调节表。

（10）根据会计账簿的有关资料编制资产负债表、利润表、所有者权益变动表。

（11）根据本月现金和银行存款日记账编制现金流量表。

四、关于增值税核算的说明

为了增强实务的仿真度，实务的原始凭证尽量与实际工作相吻合，为下阶段学习奠定基础，本实务存货购销业务采用增值税专用发票。但增值税核算只限于存货的购进和销售环节，其他如进项税额转出、视同销售、运输费用抵扣等核算内容暂不作要求。

第三部分 基础会计学实务的经济业务和原始凭证

一、宏达家用电器厂2009年12月31日总分类账户余额（见表3-1）

表3-1

账户名称	借方余额	账户名称	贷方余额
库存现金	1 500	短期借款	90 000
银行存款	246 900	应付账款	13 700
应收账款	14 460	预收账款	1 460
预付账款	600	其他应付款	100
其他应收款	1 300	应付职工薪酬	1 100
原材料	62 000	应付利息	5 643
库存商品	151 000	应交税费	4 562
长期待摊费用	5 982	累计折旧	78 530
长期股权投资	15 200	实收资本	750 000
固定资产	501 780	资本公积	4 500
		盈余公积	8 650
		未分配利润	42 477
合计	1 000 722	合计	1 000 722

提示： 开设总分类账后应预留14面账面，采用三栏式账页。

二、宏达家用电器厂2009年12月31日明细分类账户余额

1. 原材料明细账(见表3-2)

表3-2

材料名称	计量单位	数量	单价	金额
甲材料	kg	200	10	2 000
乙材料	kg	600	5	3 000
丙材料	kg	800	60	48 000
丁材料	kg	450	20	9 000
合计				62 000

2. 库存商品明细账(见表3-3)

表3-3

产品名称	计量单位	数量	单位成本	金额
电饭煲	个	1 000	35	35 000
微波炉	台	200	580	116 000
合计				151 000

提示：原材料、库存商品等明细账按品种设置,采用数量金额明细账。

3. 应收账款明细账　　　　借方余额(元)　　　　贷方余额(元)
　　——科华批发商场　　　7 046.67
　　——利民零售商场　　　3 100
　　——东方百货公司　　　5 460
　　——惠民零售店　　　　　460
　　——坏账准备　　　　　　　　　　　　　　1 606.67
　　　　　　　　　　　　———————　　　———————
　　　　　　　　　　合计:16 066.67　　　　1 606.67

4. 其他应收款明细账　　　借方余额(元)
　　——陈辉　　　　　　　1 300

5. 应付账款明细账　　　　贷方余额(元)
　　——方正零件厂　　　　8 600
　　——伟明配件厂　　　　5 100
　　　　　　　　　　　———————
　　　　　　　　合计:13 700

6. 长期待摊费用明细账　　　　　　借方余额(元)
　　——待摊固定资产修理费　　　　　2 400
　　——待摊租用固定资产修理费　　　3 582
　　　　　　　　　　　　合计：　　　5 982

7. 应付利息明细账　　　　　　　　　贷方余额(元)
　　——预提短期银行借款利息　　　　5 643

提示：应收账款、其他应收款、应付账款、长期待摊费用、应付利息等明细账可采用三栏式账页。

8. 应交税费明细账　　　　　　　　　贷方余额(元)
　　——应交个人所得税　　　　　　　823
　　——应交所得税　　　　　　　　　2 152.8
　　——应交增值税　　　　　　　　　1 442
　　——应交城建税　　　　　　　　　100.94
　　——应交教育费附加　　　　　　　43.26
　　　　　　　　　　　　合计：　　　4 562

提示：应交所得税、应交城建税、应交教育费附加、应交个人所得税等明细账可采用三栏式账页，另开设多栏式应交增值税明细账。另外，制造费用、管理费用、生产成本等明细账应采用多栏式账页。

9. 现金日记账余额　　　　　　1 500(元)
10. 银行存款日记账余额　　　246 900(元)

三、宏达家用电器厂2010年1月份发生的经济业务及原始凭证

1月2日

(1) 接银行通知,东方百货公司汇来上月欠款5 460元已收。

1—1

中国工商银行信汇凭证(收账通知或取款收据)

第150号

委托日期　2009年12月26日　　　　　　　　　　　　　应解汇款编号0153

汇款人	全称	东方百货公司		收款人	全称	宏达家用电器厂	
	账号或住址	018-2678100			账号或住址	015-8345006 广州白云路10号	
	汇出地点	上海	汇出行名称	工行浦东路办	汇入地点	广东省广州市	汇入行名称	工行白云路办
金额	人民币(大写)	伍仟肆佰陆拾元整			千百十万千百十元角分 ¥ 5 4 6 0 0 0		
汇款用途:偿还前欠货款				留行待取预留收款人印鉴			
上列款项已代进账,如有错误,请持此联来行面洽。 　　　　汇入行盖章 　　　2009年12月26日		上列款项已照收无误 　　收款人盖章 　2009年12月26日		科目(借)............ 对方科目(贷)............ 汇入行解汇日期　年　月　日 　复核　　　　出纳 记账			

此联为给收款人的收账通知或取款收据

1月3日

(2)向捷达汽车厂购进运输用汽车一辆,价值 180 000 元,开出支票支付。

2-1

广东省增值税专用发票

101012649　　　　　　　　　　　　　　　　　　　　　　　　　　　　No.46529122

发票联　　　　　　　　　　　　　　　　　　　　　　　　开票日期:2010 年 1 月 3 日

购货单位	名　称:宏达家用电器厂 纳税人识别号:440105200632739 地　址、电话:广州市白云路 10 号　020 - 83345102 开户行及账号:工行白云路办 015 - 8345006				密码区	(略)		
	货物或应税劳务名称	规格型号	单位	数量	单价	金额	税率	税额
	捷达牌汽车		辆	1		153 846.15	17%	26 153.85
	价税合计(大写)		壹拾捌万元整				(小写)¥180 000	
销货单位	名　称:捷达汽车厂 纳税人识别号:440106238912473 地　址、电话:广州东坡路 2 号　020 - 8450300 开户行及账号:工行广州支行 015 - 2083 - 7248020				备注	捷达汽车 440106238912473 发票专用章		

收款人:黄宁　　复核:陈明　　开票人:李娜　　销货单位:(章)

2-2

广东省增值税专用发票

101012649　　　　　　　　　　　　　　　　　　　　　　　　　　　　No.46529122

抵扣联　　　　　　　　　　　　　　　　　　　　　　　　开票日期:2010 年 1 月 3 日

购货单位	名　称:宏达家用电器厂 纳税人识别号:440105200632739 地　址、电话:广州市白云路 10 号　020 - 83345102 开户行及账号:工行白云路办 015 - 8345006				密码区	(略)		
	货物或应税劳务名称	规格型号	单位	数量	单价	金额	税率	税额
	捷达牌汽车		辆	1		153 846.15	17%	26 153.85
	价税合计(大写)		壹拾捌万元整				(小写)¥180 000	
销货单位	名　称:捷达汽车厂 纳税人识别号:440106238912473 地　址、电话:广州东坡路 2 号　020 - 8450300 开户行及账号:工行广州支行 015 - 2083 - 7248020				备注	捷达汽车 440106238912473 发票专用章		

收款人:黄宁　　复核:陈明　　开票人:李娜　　销货单位:(章)

提示：增值税专用发票一式四联：第一联为存根，第二联交购方作记账凭证，第三联交购方作扣税凭证，第四联作销方记账凭证。专用发票由基本联次或者基本联次附加其他联次构成，基本联次为三联：发票联、抵扣联和记账联。发票联，作为购买方核算采购成本和增值税进项税额的记账凭证；抵扣联，作为购买方报送主管税务机关认证和留存备查的凭证；记账联，作为销售方核算销售收入和增值税销项税额的记账凭证。其他联次用途，由一般纳税人自行确定。

2－3

中国工商行支票存根（粤）	中国工商银行支票（粤）	广州 No.56430011
No.56430011	出票日期（大写）　　年　月　日	付款行名称：白云路办
科　目：_____	收款人：_____	出票人账号：015－8345006
对方科目：_____	本　人民币　百十万千百十元角分	
出票日期　年　月　日	支（大写）	
收款人：_____	票	
金　额：_____	付 用途_____	
用　途：_____	款 上列款项请从　　科目（借）_____	
单位主管　　会计	期 我账户内支付　　对方科目（贷）_____	
	十 出票人签章	
	天　　　　　复核　　　　记账	

提示：使用支票时，应注意：

① 签发支票，属自制原始凭证，应自行填写。

② 支票分为左右两部分，左边部分为支票存根，用作出票人（付款人）入账依据，即原始凭证（附件）；右边部分交付给收款人到银行办理结算。支票背面还需背书确认，为简化，本实习从略。

③ 支票编号必须连续，右边部分的签发日期应大写，如贰零零捌年，不能用阿拉伯数字。

提示：从2009年起，购进运输汽车用作固定资产，其进项税额可以抵扣，即进项税额不再构成固定资产价值。

(3)向华厦集团公司购入甲材料 850 kg,每千克 8.5 元,货款 7 225 元。增值税 1 228.25 元,运费 1 275 元。甲材料已验收入库,货款、运费及增值税以支票方式支付。

3-1

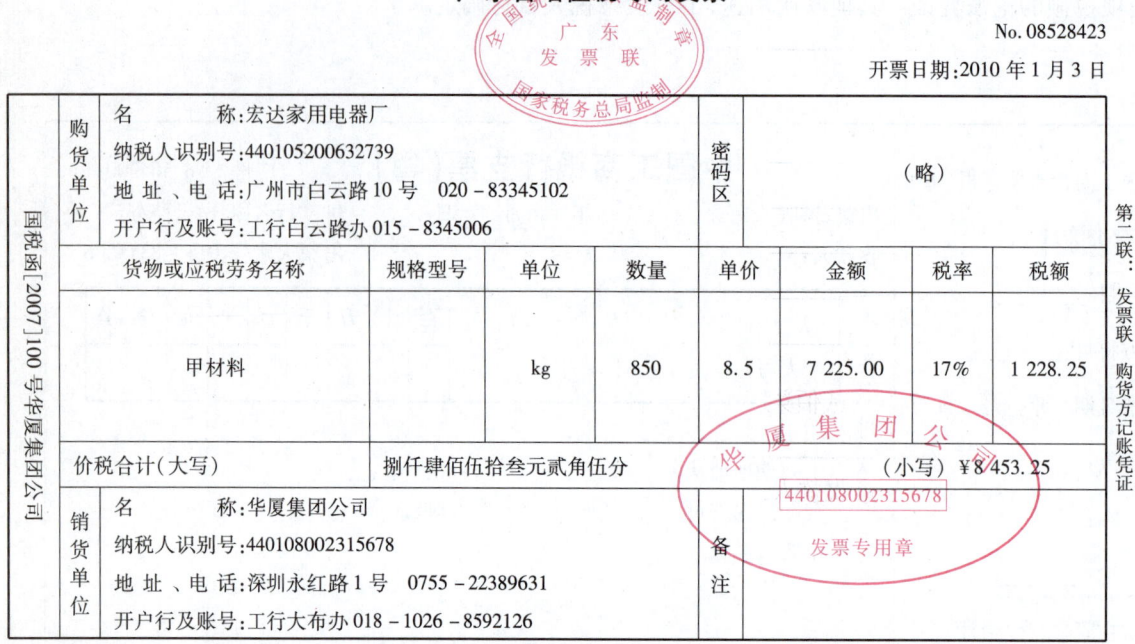

3-2

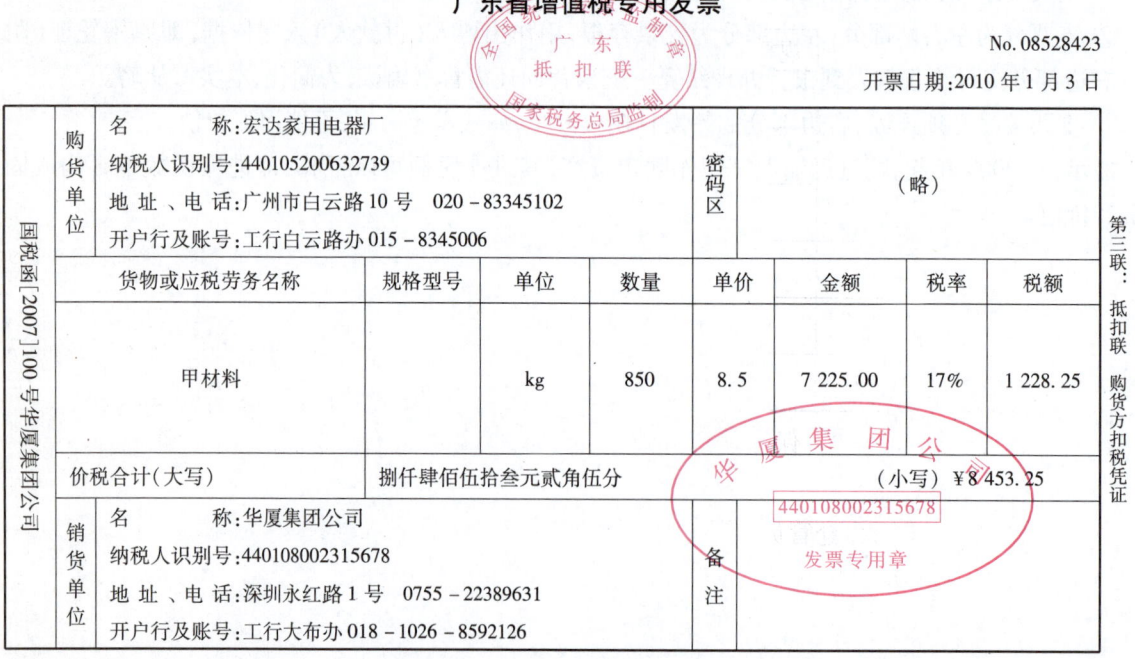

3-3

广东省运输业专用发票

发 票 联

地税监
(10813-010885)
8107-00577181

顾客名称：宏达家用电器厂　　　　　　　地址：　　　　2010年1月2日填发

项　目	超过拾万元无效	金　额							
		万	千	百	十	元	角	分	
运　费			1	2	7	5	0	0	
合　计 人民币（大写）壹仟贰佰柒拾伍元零角零分	合计	¥	1	2	7	5	0	0	

填票人　　　　　收款人　　　　业户名称
　　　　　　　　　　　　　　　及地址（章）：迅达运输公司

第二联：客户报账凭证

3-4

进 仓 单

字　号

供货单位＿＿＿＿＿＿＿＿＿　　　　　年　月　日

产　品			单位	数量	单价	成本总额							产品明细账		说明
编号	名　称	规格				万	千	百	十	元	角	分	号	页	

会计　　　记帐　　　保管　　　验收　　　主管部门　　　缴仓　　　制单

第二联：财会

提示：材料验收入库，由仓管员填制进仓单，一式三联。其中，第二联交财会记账。

3-5

中国工商行支票存根(粤)	中国工商银行支票(粤) 广州 No.56430012
No.56430012	出票日期(大写)　　　　年　月　日　　付款行名称:白云路办
科　目:_____	收款人:　　　　　　　　　　　　　　出票人账号:015-8345006
对方科目:_____	本支票付款期十天　人民币(大写)　　百 十 万 千 百 十 元 角 分
出票日期　年　月　日	
收款人:_____	用途_____
金　额:_____	上列款项请从　　　　　　　　科目(借)_____
用　途:_____	我账户内支付　　　　　　　　对方科目(贷)_____
单位主管　　　会计	出票人签章
	复核　　　　记账

3-6

中国工商行支票存根(粤)	中国工商银行支票(粤) 广州 No.56430013
No.56430013	出票日期(大写)　　　　年　月　日　　付款行名称:白云路办
科　目:_____	收款人:　　　　　　　　　　　　　　出票人账号:015-8345006
对方科目:_____	本支票付款期十天　人民币(大写)　　百 十 万 千 百 十 元 角 分
出票日期　年　月　日	
收款人:_____	用途_____
金　额:_____	上列款项请从　　　　　　　　科目(借)_____
用　途:_____	我账户内支付　　　　　　　　对方科目(贷)_____
单位主管　　　会计	出票人签章
	复核　　　　记账

提示:支付购买甲材料货款和运费应分别签发两张支票给两个不同的单位。

1月4日

(4)向利民零售商场销售电饭煲800个,每个售价100元,开出增值税专用发票,税率17%,采用赊销方式。

4-1

收货单位:　　　　　　　　　　送　货　单　　　　　　　No. 0033862

地　　址:　　　　　　　　　　年　月　日

货物名称	单位	数量	单价	金　额
合　计				
附　注				

第二联:回单

收货单位　　　　　　　　　　送货单位
及经手人　　　　　　　　　　及经手人

提示:销售产品采用送货方式,应填制送货单,一式三联。其中,第二联回单由收货单位签收后交财会记账。

4-2

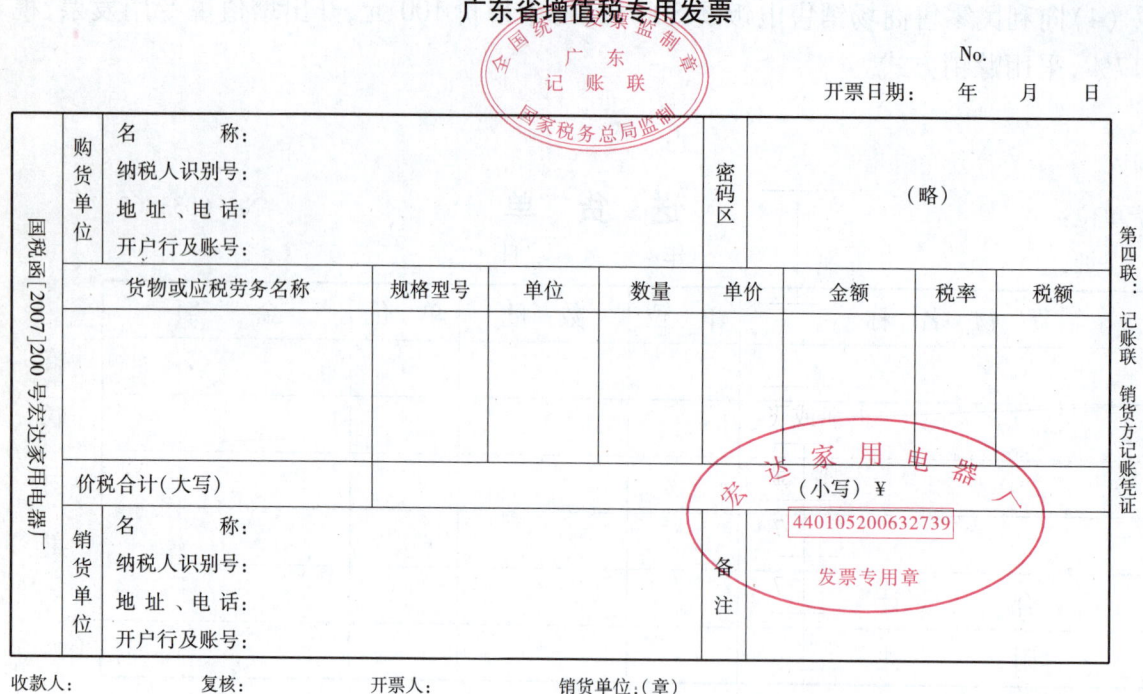

备注: ① 购货单位:利民零售商场　地址:珠海市解放路20号　电话:0756-62382122

　　　　税务登记号:560103001248754

　　　　开户银行及账号:工行解放办　018-6643221

　　　　结算方式:赊销

② 根据2006年10月17日国家税务总局修订后的《增值税专用发票使用规定》的要求,应使用增值税防伪税控系统出具增值税专用发票。但出于实习目的,本实习仍保留手工出具专用发票形式。

（5）陈辉出差回来，报销差旅费用1 800元，原借支1 300元，支付现金500元。

5－1

旅差费报销单

单位名称：宏达家用电器厂　　　填报日期：2010年1月4日

姓名	陈辉	出差地点	兰州市	出差日期	自2009年12月20日 至2009年12月26日					
事由	参加会议									
日　期		起讫地点		车船或飞机		在途补助		住勤补助		杂(宿)费	备注
年 月 日		起	讫	类别	金额	行程时间	标准 金额	日期	标准 金额		
2009 12 20		广州	兰州		700			7	40　280	120	
2009 12 26		兰州	广州		700						现金500元
以上单据共6张　总计金额人民币(大写)壹仟捌佰元整									经领人（章）		陈辉
预支差旅费人民币　1 300元，支付现款人民币500元											

主管　　　　审核　　　　填报人　陈辉

1月5日

(6) 开出支票 3 700 元,购买办公用品一批,其中,生产车间领用 1 000 元,厂部管理部门领用 2 700 元。

6-1

广东省广州市工商企业商品销售统一发票

国税监
国税
(921155-246993)

发票联　　　No.1505-1478729

顾客名称:宏达家用电器厂　　开户银行

地　　址:　　　　　　　　　账　号　　2010年1月5日填发

货品名称及规格	件数	单位	数量	单价	超过拾万元无效	金额 万 千 百 十 元 角 分
办公用品		批				3 7 0 0 0 0
合计人民币(大写)叁仟柒佰零拾零元零角零分					合计	¥ 3 7 0 0 0 0

第二联:客户报账凭证

提货地点及日期　　年 月 日　　提货人　　年 月 日

备注:（广州市明珠公司 发票专用章 440105128694511）

填票人　　收款人　　业户名称及地址(章):广州市明珠公司

6-2

办公用品分配表

2010年1月5日

部门	金额(元)	签收
生产车间	1 000	李 明
厂部管理部门	2 700	陈 强
合计	3 700	

6-3

中国工商行支票存根(粤)	中国工商银行支票(粤)	广州 No.56430014
No.56430014	出票日期(大写)　　年　月　日	付款行名称:白云路办
科　目:............	收款人:	出票人账号:015-8345006
对方科目:...........	本支票付款期十天　人民币(大写)	百 十 万 千 百 十 元 角 分
出票日期　年　月　日		
收款人:............	用途:..........	
金　额:............	上列款项请从　　　　科目(借).........	
用　途:............	我账户内支付　　　　对方科目(贷).....	
单位主管　　会计	出票人签章	
	复核　　　　　记账	

（7）宋明伟报销长途电话费35元,以现金支付。

7-1

广东省电讯服务业发票

发　票　联　　　　　　　　　　　　No.32184

顾客名称:宏达家用电器厂

地　　址:　　　　　　　　　　　2010年1月5日填发

项　　目	金　额 超过拾万元无效							备　注	第二联:发票联(顾客报销凭证)③
	千	百	十	元	角	分			
电话费			3	5	0	0			
合　计 人民币(大写)零佰叁拾伍元零角零分	合计		￥	3	5	0	0		

填票人　　　　　收款人　　　　　业户名称及地址(章):广州长堤电信局

1月6日

(8) 通知银行同意承付前欠方正零件厂货款 8 600 元。

8-1

中国工商银行电汇凭证(回单)　1

委托日期 2010 年 1 月 6 日　　　　第 210 号

汇款人	全　称	宏达家用电器厂			收款人	全　称	方正零件厂		
	账　号或住址	015-8345006				账　号或住址	018-1459801		
	汇出地点	广东省广州市	汇出行名称	工行白云路办		汇入地点	广东省佛山市	汇入行名称	工行西村办
金额	人民币(大写)	捌仟陆佰元整					千百十万千百十元角分 ¥ 8 6 0 0 0 0		
汇款用途:偿还货款					汇出行盖章				
上列款项已根据委托办理,如需查询,请持此回单来行面洽。									
单位主管　会计　出纳　记账					年　月　日				

此联为汇出行给汇款人的回单

(9) 向科华批发商场销售微波炉 80 台,售价每台 1 200 元,增值税率 17%。收到对方交来支票。

9-1

广东省增值税专用发票

							No.		
购货单位	名　　称：					密码区	开票日期：　　年　　月　　日		
	纳税人识别号：						（略）		
	地　址、电　话：								
	开户行及账号：								
货物或应税劳务名称		规格型号	单位	数量	单价	金额		税率	税额
价税合计（大写）						（小写）¥			
销货单位	名　　称：					备注			
	纳税人识别号：								
	地　址、电　话：								
	开户行及账号：								

国税函[2007]200号宏达家用电器厂　　　　　　　　　　　　　　　　　　　　　第四联：记账联　销货方记账凭证

收款人：　　　复核：　　　开票人：　　　销货单位：（章）

（印章：440105200632739　发票专用章）

备注： 购货单位：科华批发商场　　地址：广州市小北路50号　　电话：020-83425611

　　　　税务登记号：330103100624358

　　　　开户银行及账号：015-6643578　　工行小北路办

　　　　结算方式：支票

9-2

收货单位：　　　　　　　　　　送 货 单　　　　　　　　No. 0033863

地　址：　　　　　　　　　　　年　月　日

货 物 名 称	单 位	数 量	单 价	金 额
合　　计				
附　　注				

第二联：回单

收货单位　　　　　　　　　　　　送货单位
及经手人　　　　　　　　　　　　及经手人

9-3

中国工商银行支票（粤）

广州　No.038800004

出票日期（大写）贰零壹零年零壹月零陆日　　付款行名称：小北路办

收款人：宏达家用电器厂　　　　　　　　　　出票人账号：015-6643578

本支票付款期十天

人民币（大写）：壹拾壹万贰仟叁佰贰拾元整	百	十万	千	百	十	元	角	分
	¥1	1	2	3	2	0	0	0

用途　..........

上列款项请从　　　　　　科目（借）..........

我账户内支付　　　　　　对方科目（贷）..........

出票人签章

复核　　　　　记账

9-4

附加信息:	被背书人
身份证件名称：　发证机关：	（贴粘单处）
号码 □□□□□□□□□□□□□□	背书人签章　　年　月　日

提示：① 该支票由科华批发商场开出，本企业取得后交付银行办理转账。因此，该支票不作为销方的原始凭证。

②收到支票后应在支票的背面进行背书。

③ 填写银行进账单(9-5)连同支票交付银行。

9-5

中国工商银行进账单（收账通知） 1

2010 年 1 月 6 日　　　　　　　　第　号

出票人	全　称	科华批发商场	持票人	全　称	宏达家用电器厂	此联是持票人开户银行交给持票人的收账通知
	账　号	015-6643578		账　号	015-8345006	
	开户银行	工行广州小北路办		开户银行	工行广州白云路办	
人民币（大写）	壹拾壹万贰仟叁佰贰拾元整			千百十万千百十元角分 ¥ 1 1 2 3 2 0 0 0		
票据种类	支票					
票据张数	1					
单位主管　　会计　　复核　　记账			持票人开户行（盖章）			

备注：收到支票，已送银行，凭进账单记账。

1月7日

(10) 向工商银行白云路支行借入的部分短期借款已到期,偿还本金 50 000 元,支付利息 3 510 元,已预提 3 000 元。

10-1

中国工商银行广州分行白云路支行
短期贷款利息结算通知

2010 年 1 月 7 日

借款人(单位)名称	宏达家用电器厂	
借款金额(人民币)	伍万元整	￥50 000
借款期限	2009 年 1 月 5 日～2010 年 1 月 5 日	偿还方式:扣划
借款利率	7.02%	
借款利息(人民币)	叁仟伍佰壹拾元整	￥3 510
贷款利息扣划日期	2010 年 1 月 7 日	

10-2

支付银行短期借款利息计算单

2010 年 1 月 7 日

项 目	金 额(元)
借款金额	50 000
借款利息	3 510
已预提利息费用	3 000
本期应承担利息支出	510
实际应付利息、借款合计	53 510

1月8日

(11) 开出支票支付电视广告费用 2 000 元。

11-1

广东省广州市广告服务业发票

发 票 联

地税监
(10843-040835)
8104-1257181

顾客名称:宏达家用电器厂　　　　地址:　　　2010年1月8日

货品名称及规格	件数	单位	数量	单价	超过拾万元无效	金 额							第二联:客户报账凭证
						十	万	千	百	十	元	角	分
电视广告设计制作费								2	0	0	0	0	0
合 计 人民币 (大写)贰仟零佰零拾零元零角零分					合计	¥		2	0	0	0	0	0

开票人:　　　　收款人:李伟东　　　收款单位及地址(章):润华广告公司

11-2

中国工商行支票存根(粤)	中国工商银行支票(粤)	广州 No.56430015

No.56430015

科　目:..............
对方科目:..............
出票日期　年　月　日
收款人:..............
金　额:..............
用　途:..............
单位主管　　会计

出票日期(大写)　　年　月　日　　付款行名称:白云路办
收款人:　　　　　　　　　　　　出票人账号:015-8345006

	人民币 (大写)		百	十	万	千	百	十	元	角	分

本支票付款期十天

用途:..............
上列款项请从　　　　　　　科目(借)..............
我账户内支付　　　　　　　对方科目(贷)..............
出票人签章

复核　　　　记账

(12)接银行通知,收到科华批发商场汇来上月欠款5 900元

12－1

银行　进账单

（回单或收账通知）

2010 年 1 月 8 日

收款人	全称	宏达家用电器厂
	账号	015－8345006
	开户银行	工行白云路办

人民币	千 百 十 万 千 百 十 元 角 分
	￥ 5 9 0 0 0 0

付款人	全称	科华批发商场
	账号	015－6643578
	开户银行	工行小北路办

款项来源	收回上月欠款

收款人开户银行盖章

1 月 9 日

(13)从银行提取现金 2 000 元。

13－1

中国工商行支票存根（粤）	中国工商银行支票（粤）　　　　广州　No.56430016
No.56430016 科　目：＿＿＿＿ 对方科目：＿＿＿＿ 出票日期　年　月　日 收款人：＿＿＿＿ 金　额：＿＿＿＿ 用　途：＿＿＿＿ 单位主管　　会计	出票日期(大写)　　　年　　月　　日　　付款行名称:白云路办 收款人：　　　　　　　　　　　　　　　出票人账号:015－8345006 本支票付款期十天 人民币 (大写)　　　　　　　　百 十 万 千 百 十 元 角 分 用途　＿＿＿＿ 上列款项请从　　　　　　　科目(借)＿＿＿＿ 我账户内支付　　　　　　　对方科目(贷)＿＿＿＿ 出票人签章 复核　　　　　记账

28

(14)张晓燕出差到杭州参加产品展销会,预借差旅费用1500元,以现金支付。

14－1

借 支 单

2010年1月9日

部门	销售部	职务	副经理	借款人	张晓燕	盖章	
借款原因 出差杭州参加产品展销会						还款日期 ＿＿＿＿年 ＿＿月＿＿日	
					附件＿＿＿＿		
借支金额(大写) 壹仟伍佰元整			￥ 1 500		批准人	李明	

(15)向东方百货公司发运电饭煲320个,每个售价100元,增值税17%;微波炉60台,每台售价1 200元,增值税17%。电饭煲款项及其增值税已收到,转存银行,但微波炉款项及增值税尚欠。

15－1

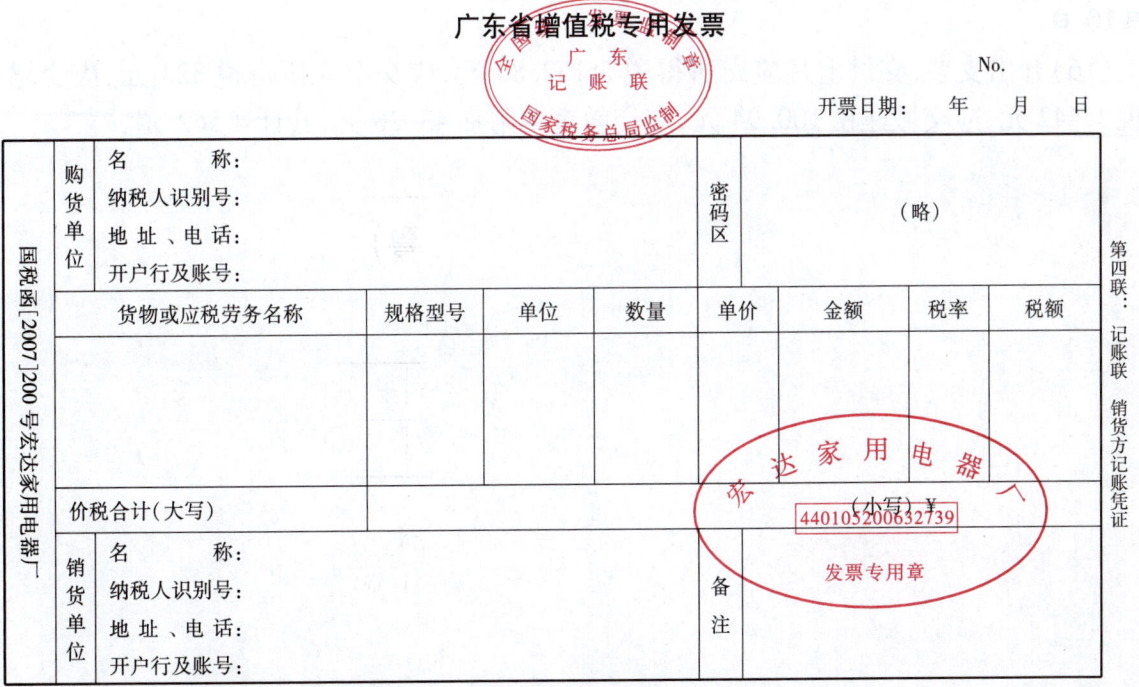

备注:购货单位:东方百货公司　　　　开户银行及账号:018-2678100　　工行环市东办
　　　税务登记号:501432860091235　　　结算方式:部分货款信汇结算
　　　电话:020-83315116
　　　地址:广州市环市东路115号

15-2

中国工商银行　电汇凭证(回单)　　　1

委托日期　2010年1月9日　　　　　　　第8号

汇款人	全称	东方百货公司			收款人	全称	宏达家用电器厂			此联为汇出行给汇款人的回单
	账号或住址	018-2678100				账号或住址	015-8345006			
	汇出地点	广东省广州市	汇出行名称	工行环市东办		汇入地点	广东省广州市	汇入行名称	工行白云路办	
金额	人民币(大写)	叁万柒仟肆佰肆拾零元零角零分			千 百 十 万 千 百 十 元 角 分					
					￥ 3 7 4 4 0 0 0					
汇款用途:销货款					汇出行盖章　年　月　日					

单位主管　　　会计　　　复核　　　记账

1 月 10 日

(16)开出支票,支付上月应交所得税2 152.80元,应交个人所得税823元,应交增值税1 442元,应交城建税100.94元,应交教育费附加43.26元,共计4 562元。

16－1

中华人民共和国
税 收 缴 款 书

经济类型：有限公司   填制日期 2010 年 1 月 10 日   征收机关：市国税局

预算科目	款项		缴款人	全称	宏达家用电器厂							
	级次			账号	015－8345006							
	收缴金库	市国库		开户银行	工商银行广州分行白云路办							
税款所属时期：2009 年 12 月				税款限缴日期 2010 年 1 月 10 日								
品目名称	课税数量	计税金额或销售收入	税率或单位税额	已缴或扣除额	实缴金额							
					百	十万	千	百	十	元	角	分
增值税		230 000	17%	37658		¥	1	4	4	2	0	0
金额合计（大写）：壹仟肆佰肆拾贰元整								1	4	4	2	0	0
缴款单位(人)（印章）经办人(章)	税务机关（印章）填票人(章)			上列款项已收妥并划转收款单位账户 收款银行(印章) 2010 年 1 月 10 日									备注：

（无银行收讫章无效）逾期不缴按税法规定加收滞纳金，此联代申报表，税务机关要求的其他资料，另行报送。

第一联：（收据）国库收款盖章后退缴款单位作完税凭证

16-2

中华人民共和国
税 收 缴 款 书

经济类型：有限公司　　　　　填制日期 2010 年 1 月 10 日　　　　　征收机关：市地税局

预算科目	款 项			缴款人	全 称	宏达家用电器厂
	级 次	地 税			账 号	015-8345006
	收缴金库	市国库			开户银行	工商银行广州分行白云路办
税款所属时期：2009 年 12 月				税款限缴日期 2010 年 1 月 10 日		

品目名称	课税数量	计税金额或销售收入	税率或单位税额	已缴或扣除额	实缴金额							
					百	十	万	千	百	十	元	角	分
城建税		1 442	7%						1	0	0	9	4
教育费附加		1 442	3%							4	3	2	6

金额合计（大写）：壹佰肆拾肆元贰角零分　　　　　　　　　　　¥ 1 4 4 2 0

缴款单位（印章）	税务机关（印章）	上列款项已收妥并划转收款单位账户。
经办人（章）	填票人（章）	收款银行（印章）业务清讫 2010 年 1 月 10 日

中国工商银行
广州市白云路支行
2010.1.10

备注：

第一联：（收据）国库收款盖章后退缴款单位作完税凭证

（无银行收讫章无效）逾期不缴按税法规定加收滞纳金，此联代申报表，税务机关要求的其他资料，另行报送。

16－3

中华人民共和国
税 收 缴 款 书

经济类型:有限公司　　　　填制日期 2010 年 1 月 10 日　　　　征收机关:市国税局

预算科目	款项		缴款人	全称	宏达家用电器厂
	级次			账号	015－8345006
	收缴金库	市国库		开户银行	工商银行广州分行白云路办

税款所属时期:2009 年 12 月　　　　税款限缴日期 2010 年 1 月 10 日

品目名称	课税数量	计税金额或销售收入	税率或单位税额	已缴或扣除额	实缴金额								
					百	十	万	千	百	十	元	角	分
企业所得税		8 611.20	25%					¥	2	1	5	2	80

金额合计(大写):贰仟壹佰伍拾贰元捌角零分　　　　　　　　¥ 2 1 5 2 80

缴款单位(人)(印章)　税务机关(印章)　上列款项已收妥并划转收款单位账户。
经办人(章)　　　　填票人(章)　　　收款银行(印章)
　　　　　　　　　　　　　　　　　2010 年 1 月 10 日

中国工商银行 广州市白云路支行 2010.1.10 业务清讫

备注:

(无银行收讫章无效)逾期不缴按税法规定加收滞纳金,此联代申报表,税务机关要求的其他资料,另行报送。

第一联:(收据)国库收款盖章后退缴款单位作完税凭证

16-4

中华人民共和国
税 收 缴 款 书

经济类型：有限公司　　　　　填制日期 2010 年 1 月 10 日　　　　　征收机关：市地税局

预算科目	款项			缴款人	全称	宏达家用电器厂								
	级次		地　税		账号	015-8345006								
	收缴金库		市国库		开户银行	工商银行广州分行白云路办								
税款所属时期：2009 年 12 月						税款限缴日期 2010 年 1 月 10 日								
品目名称	课税数量		计税金额或销售收入	税率或单位税额	已缴或扣除额	实缴金额								
						百	十	万	千	百	十	元	角	分
个人所得税（代扣）										8	2	3	0	0

金额合计（大写）：捌佰贰拾叁元零角零分　　　　　　　　　￥ 8 2 3 0 0

缴款单位（人）　　　税务机关　　　上列款项已收妥并划转收款单位账户。
　（印章）　　　　　（印章）
经办人（章）　　　填票人（章）　　　收款银行（印章）　　2010 年 1 月 10 日

第一联：（收据）国库收款盖章后退缴款单位作完税凭证

（无银行收讫章无效）逾期不缴按税法规定加收滞纳金，此联代申报表，税务机关要求的其他资料，另行报送。

16-5

中国工商行支票存根（粤）	中国工商银行支票（粤）	广州 No.56430017

中国工商行支票存根（粤）
No.56430017
科　目：
对方科目：
出票日期　年　月　日
收款人：
金　额：
用　途：
单位主管　　　会计

出票日期（大写）　　　年　月　日　　　付款行名称：白云路办
收款人：　　　　　　　　　　　　　　出票人账号：015-8345006

本支票付款期十天

人民币（大写）	百	十	万	千	百	十	元	角	分

用途：
上列款项请从　　　　　　　　科目（借）
我账户内支付　　　　　　　　对方科目（贷）
出票人签章

复核　　　　　记账

（17）向方正零件厂购进乙材料 1 000kg，每千克 4.55 元，增值税 773.5 元。材料已验收入库，但货款和增值税未付。

17-1

广东省增值税专用发票

001012649   No. 22348921

开票日期:2010 年 1 月 10 日

购货单位	名　　称:宏达家用电器厂　　　　　　　　　　　　　　　　　　　　　　　　　　　　　纳税人识别号:440105200632739　　　　　　　　　　　　　　　　　　　　　　地　址、电　话:广州白云路10号　　020-83345102　　　　　　　　开户行及账号:工行白云路办 015-8345006	密码区	（略）
货物或应税劳务名称	规格型号　　单位　　数量　　单价　　金额　　税率　　税额		
乙材料	kg　　1 000　　4.55　　4 550.00　　17%　　773.50		
价税合计(大写)	伍仟叁佰贰拾叁元伍角零分　　　　　　　　　　　　(小写) ¥5 323.50		
销货单位	名　　称:方正零件厂　　　　　　　　　　　　　　　　　　　　　　　　　　　　　　纳税人识别号:440010264932592　　　　　　　　　　　　　　　　　　　　　　地　址、电　话:番禺市桥路29号　　020-34282526　　　　　　　　开户行及账号:工行 015-7823401	备注	方正零件厂 440010264932592 发票专用章

收款人:黄明　　　复核:李伟明　　　开票人:陈丽　　　销货单位:(章)

第二联:发票联　购货方记账凭证

17-2

广东省增值税专用发票

001012649   No. 22348921

开票日期:2010 年 1 月 10 日

购货单位	名　　称:宏达家用电器厂　　　　　　　　　　　　　　　　　　　　　　　　　　　　　纳税人识别号:440105200632739　　　　　　　　　　　　　　　　　　　　　　地　址、电　话:广州白云路10号　　020-83345102　　　　　　　　开户行及账号:工行白云路办 015-8345006	密码区	（略）
货物或应税劳务名称	规格型号　　单位　　数量　　单价　　金额　　税率　　税额		
乙材料	kg　　1 000　　4.55　　4 550.00　　17%　　773.50		
价税合计(大写)	伍仟叁佰贰拾叁元伍角零分　　　　　　　　　　　　(小写) ¥5 323.50		
销货单位	名　　称:方正零件厂　　　　　　　　　　　　　　　　　　　　　　　　　　　　　　纳税人识别号:440010264932592　　　　　　　　　　　　　　　　　　　　　　地　址、电　话:番禺市桥路29号　　020-34282526　　　　　　　　开户行及账号:工行 015-7823401	备注	方正零件厂 440010264932592 发票专用章

收款人:黄明　　　复核:李伟明　　　开票人:陈丽　　　销货单位:(章)

第三联:抵扣联　购货方扣税凭证

备注: 由于该批材料尚未支付,进仓单暂不填制。

1月11日

(18)以现金支付从方正零件厂购进的乙材料运费450元。

18－1

广州市运输业专用发票

客户名称：宏达家用电器厂　　2010年1月11日　　第5848号

项　目	路　途	超过十万元无效	万	千	百	十	元	角	分
运　费	由番禺运回广州				4	5	0	0	0
合　计				¥	4	5	0	0	0

人民币合计(大写)肆佰伍拾元零角零分

备　注	前购乙材料运费

单位(盖章)：广汽公司　　会计：　　复核：　　制单：

第二联：交对方

18－2

进　仓　单

字　号

供货单位　　　　　　　　　　　年　月　日

产品编号	产品名称	规格	单位	数量	单价	成本总额							产品明细账		说明
						万	千	百	十	元	角	分	号	页	

会计　　　记帐　　　保管　　　验收　　　主管部门　　　缴仓　　　制单

第二联：财会

提示：先计算乙材料单价，包括货价及运费，然后再填制进仓单。

1月12日

(19) 从银行提取现金56 000元。

19-1

中国工商行支票存根(粤)	中国工商银行支票(粤) 广州 No.56430018
No.56430018	出票日期(大写)　　年　月　日　　付款行名称:白云路办
科　目:	收款人:　　　　　　　　　　　　出票人账号:015-8345006
对方科目:	人民币(大写)　　百十万千百十元角分
出票日期　年　月　日	用途
收款人:	上列款项请从　　　科目(借)
金　额:	我账户内支付　　　对方科目(贷)
用　途:	出票人签章
单位主管　　会计	复核　　　记账

(20) 以现金发放在职工工资56 000元。

20-1

工 资 结 算 表

部门:生产(电饭煲)车间工人工资　　　　　　　　　　2010年1月份

姓　名	基本工资	奖　金	津　贴	合　计	签　名	备　注
梁伟雄	950	500	410	1 860	梁伟雄	
陈明辉	800	300	380	1 480	陈明辉	
王　海	800	300	350	1 450	王　海	
李启明	800	350	350	1 500	李启明	
李丽霞	850	350	320	1 520	李丽霞	
黄　丽	750	100	280	1 130	黄　丽	
何　斌	750	100	210	1 060	何　斌	
合　计	5 700	2 000	2 300	10 000		

主管:梁伟雄　　　　　　　　　制表人:黄丽

20-2

工资结算表

部门:生产(微波炉)车间工人工资　　　　　　　　　　2010年1月份

姓　名	基本工资	奖　金	津　贴	合　计	签　名	备　注
张永康	1 300	1 500	500	3 300	张永康	
宋　明	1 100	1 350	430	2 880	宋　明	
李晓霞	900	1 350	400	2 650	李晓霞	
刘丽云	880	1 320	350	2 550	刘丽云	
邱　玲	860	1 250	350	2 460	邱　玲	
陈　文	820	1 250	350	2 420	陈　文	
张　帆	850	1 100	350	2 300	张　帆	
何　斌	850	1 100	280	2 230	何　斌	
陈惠玲	800	1 050	280	2 130	陈惠玲	
李伟明	730	980	280	1 990	李伟明	
王明珠	730	960	280	1 970	王明珠	
王　华	780	960	220	1 960	王　华	
陈伟强	780	900	220	1 900	陈伟强	
李敏仪	720	850	200	1 770	李敏仪	
何　辉	720	750	200	1 670	何　辉	
宋小敏	638	630	152	1 420	宋小敏	
杨丽红	600	600	150	1 350	杨丽红	
陈　珠	600	300	150	1 050	陈　珠	
合　计	14 658	18 200	5 142	38 000		

　　主管:张有为　　　　　　　　　　　　制表人:李敏仪

20-3

工资结算表

部门:车间管理人员　　　　　　　　　　　　　2010年1月份

姓　名	基本工资	奖　金	津　贴	合　计	签　名
张有为	900	500	600	2 000	张有为
合　计	900	500	600	2 000	

主管:张有为　　　　　　　　　　制表人:李敏仪

20-4

工资结算表

部门:厂部管理人员　　　　　　　　　　　　　2010年1月份

姓　名	基本工资	奖　金	津　贴	合　计	签　名
陈　辉	1 100	650	350	2 100	陈　辉
张晓燕	1 200	550	250	2 000	张晓燕
马日强	980	520	400	1 900	马日强
合　计	3 280	1 720	1 000	6 000	

主管:陈辉　　　　　　　　　　制表人:张晓燕

1月13日

(21)根据工资汇总表分配结转应付工资。

21-1

工 资 汇 总 表

年　月　日

应借科目	部门	车　间	管理部门	合　计
生产成本	电饭煲			
	微波炉			
制造费用				
管理费用				
合　计				

（22）填制职工福利费分配表,按工资总额14%提取应付福利费。

22-1

职工福利费分配表

计提比例:14%

应借科目 \ 部门		工资总额	应付福利费	合　　计
生 产 成 本	电饭煲			
	微波炉			
制造费用				
管理费用				
合　　计				

1月14日

（23）接受明华公司对宏达家用电器厂的投资300 000元,其中设备一台,价值120 000元,银行存款180 000元。

23-1

联营合同(主要条款)

甲方:明华公司　　　　　　　　乙方:宏达家用电器厂

　　为扩大宏达家用电器厂经营,经双方协商,决定由甲乙双方联营。由甲方对乙方投资叁拾万元,其中设备一台,价值壹拾贰万元,现款壹拾捌万元。占投资40%。经营期限10年。盈亏按出资比例分配。

甲方(盖章):明华公司　　　　乙方(盖章):宏达家用电器厂

2010年1月14日　　　　　　　2010年1月14日

23-2

银行　进账单

(回单或收账通知)

2010 年 1 月 14 日

收款人	全称	宏达家用电器厂
	账号	015-8345006
	开户银行	工行白云路办

人民币	千 百 十 万 千 百 十 元 角 分
	￥ 1 8 0 0 0 0 0 0

付款人	全称	明华公司
	账号	015-8465002
	开户银行	工行环市西办

款项来源	投资款

收款人开户银行盖章

23-3

固定资产验收单

设备名称	A3 型车床	设备来源	明华公司	取得原因	接受投资
原值	120 000 元	已提折旧		折旧率	
规格		数量	一台	生产厂家		使用部门	车间
可使用年限	10 年	验收日期	2010 年 1 月 14 日		

1月15日

(24) 开出支票,向希望工程捐款 5 000 元。

24-1

希望工程捐款收据
希望工程基金会捐款专用

2010 年 1 月 15 日

今收到,宏达家用电器厂希望工程捐款

金额(大写)伍仟元正

￥5 000 元

第二联：捐款方报销用

会计　　　记账　　　出纳:肖芳　　　经手人

24-2

| 中国工商行支票存根(粤) | 中国工商银行支票(粤) | 广州 No.56430019 |

No.56430019

科　目：_____
对方科目：_____
出票日期　年　月　日
收款人：_____
金　额：_____
用　途：_____
单位主管　　　会计

出票日期(大写)　　　年　月　日　　　付款行名称:白云路办
收款人：　　　　　　　　　　　　　　　出票人账号:015-8345006

本支票付款期十天

人民币 (大写)		百	十	万	千	百	十	元	角	分

用途：_____
上列款项请从　　　　　　　　科目(借)_____
我账户内支付　　　　　　　　对方科目(贷)_____
出票人签章

复核　　　　　记账

(25)接银行通知,收到利民零售商场承付上月所欠货款3 100元。

25-1

银行　进账单
(回单或收账通知)
2010年1月15日

收款人	全称	宏达家用电器厂
	账号	015-8345006
	开户银行	工行白云路办
人民币		千百十万千百十元角分 ¥ 3 1 0 0 0 0
付款人	全称	利民零售商场
	账号	018-6643221
	开户银行	工行解放路办
款项来源	收回欠款	

收款人开户银行盖章

1月16日

(26)以支票支付保险公司2010年全年财产保险费用1 200元。

26-1

中华人民共和国保险公司　　　No.0865328
保险费收据
2010年1月16日

收到　　宏达家用电器厂
交来　　财产保险费:1 200元(保险期限:2010年1月1日至12月31日)
人民币(大写)壹仟贰佰元整

太平洋保险有限公司(章)

第三联：保户报销

复核　　　　　制单

26-2

中国工商行支票存根(粤)	中国工商银行支票(粤)	广州 No.56430020
No.56430020	出票日期(大写)　　年　月　日	付款行名称：白云路办
科　目：	收款人：	出票人账号：015-8345006
对方科目：		
出票日期　年　月　日	本支票付款期十天　人民币(大写)	百十万千百十元角分
收款人：		
金　额：	用途：	
用　途：	上列款项请从　　　　　　　科目(借)	
	我账户内支付　　　　　　　对方科目(贷)	
单位主管　　会计	出票人签章	
	复核　　记账	

(27) 接受永安电脑公司赠与的20台电脑，价值80 000元。

27-1

固定资产验收单

设备名称	586电脑		设备来源	永安电脑公司	取得原因	接受捐赠
原值	80 000元		已提折旧		折旧率	
规格	数量	20台	生产厂家		使用部门	车间
可使用年限	10年		验收日期	2010年1月14日		

1月17日

(28)接银行通知,利民零售商场汇来本月销售电饭煲货款及增值税 93 600 元。

28-1

银行　进账单
（回单或收账通知）

2010 年 1 月 17 日

收款人	全称	宏达家用电器厂
	账号	015-8345006
	开户银行	工行白云路办

人民币	千百十万千百十元角分
	￥9 3 6 0 0 0 0

付款人	全称	利民零售商场
	账号	018-6643221
	开户银行	工行解放路办

款项来源	收到货款

收款人开户银行盖章

1月18日

(29)向伟明配件厂购进丁材料 1 200 kg,单价 18 元,增值税 3 672 元;丙材料 800 kg,单价 58 元,增值税 7 888 元。为该两种材料支付共同运费 4 000 元(运费按重量分配)。所有款项以支票支付,材料已验收入库。

29-1

广东省增值税专用发票

4011055689　　　　　　　　　　　　　　　　　　　　　　　　　　No. 20054173

开票日期:2010 年 1 月 18 日

购货单位	名　称：宏达家用电器厂						
	纳税人识别号：440105200632739						
	地　址、电话：广州市白云路 10 号　020-83345102						
	开户行及账号：工行白云路办 015-8345006						
货物或应税劳务名称	规格型号	单位	数量	单价	金额	税率	税额
丁材料		kg	1 200	18	21 600	17%	3 672
丙材料		kg	800	58	46 400	17%	7 888
价税合计(大写)	柒万玖仟伍佰陆拾零元零角零分					(小写)￥79 560	
销货单位	名　称：伟明配件厂						
	纳税人识别号：440108002315673						
	地　址、电话：增城永红路 11 号　020-66729210						
	开户行及账号：工行增城办 017-8230561						

收款人:王刚　　　复核:李华　　　开票人:陈小丽　　　销货单位:(章)

第二联：发票联　购货方记账凭证

国税函[2007]100 号伟明配件厂

29-2

广东省增值税专用发票

4011055689　　　　　　　　　　　　　　　　　　　　　　　　　　No. 20054173

开票日期:2010 年 1 月 18 日

购货单位	名　称：宏达家用电器厂						
	纳税人识别号：440105200632739						
	地　址、电话：广州市白云路 10 号　020-83345102						
	开户行及账号：工行白云路办 015-8345006						
货物或应税劳务名称	规格型号	单位	数量	单价	金额	税率	税额
丁材料		kg	1 200	18	21 600	17%	3 672
丙材料		kg	800	58	46 400	17%	7 888
价税合计(大写)	柒万玖仟伍佰陆拾零元零角零分					(小写)￥79 560	
销货单位	名　称：伟明配件厂						
	纳税人识别号：440108002315673						
	地　址、电话：增城永红路 11 号　020-66729210						
	开户行及账号：工行增城办 017-8230561						

收款人:王刚　　　复核:李华　　　开票人:陈小丽　　　销货单位:(章)

第三联：抵扣联　购货方扣税凭证

国税函[2007]100 号伟明配件厂

29-3

广东省广州市运输业专用发票

发 票 联　　　　　　　　　　　　No.346529

顾客名称:宏达家用电器厂

地　　址:　　　　　　　　　　　2010年1月18日填发

项　目	超过拾万元无效	金　额						备注
		千	百	十	元	角	分	
从增城运货至广州运费			4	0	0	0	0	
合　计 人民币(大写)肆仟零佰零拾零元零角零分	合计		4	0	0	0	0	

第二联:发票联(顾客报销凭证)③

填票人　　　　　收款人　　　　　业户名称及地址(章):广博运输公司

29-4

材料购进运杂费分配表

年　月　日

发货单位				
材料名称	分配标准	分配率	分配金额	备注
丁材料				
丙材料				
合　计				

提示:运杂费用按所购材料重量分配。

29-5

进 仓 单

供货单位_____   年 月 日   字 号

产品编号	产品名称	规格	单位	数量	单价	成本总额 万 千 百 十 元 角 分	产品明细账 号 页	说明

第二联：财会

会计   记帐   保管   验收   主管部门   缴仓   制单

29-6

中国工商行支票存根（粤）

No.56430021

科　目：_____

对方科目：_____

出票日期　年　月　日

收款人：_____

金　额：_____

用　途：_____

单位主管　　会计

中国工商银行支票（粤）　　广州 No.56430021

出票日期（大写）　　　年　月　日　　付款行名称：白云路办
收款人：　　　　　　　　　　　　　　出票人账号：015-8345006

本支票付款期十天

人民币（大写）	百	十	万	千	百	十	元	角	分

用途：_____
上列款项请从　　　　　　　科目(借)_____
我账户内支付　　　　　　　对方科目(贷)_____
出票人签章

复核　　　记账

29-7

中国工商行支票存根（粤）	中国工商银行支票（粤）	广州 No.56430022
No.56430022	出票日期（大写） 年 月 日	付款行名称：白云路办
科　目：..........	收款人：	出票人账号：015-8345006
对方科目：..........		
出票日期　年　月　日	本支票付款期十天　人民币（大写）	百 十 万 千 百 十 元 角 分
收款人：..........	用途..........	
金　额：..........	上列款项请从　　　科目(借)..........　　我账户内支付　　对方科目(贷)..........	
用　途：..........	出票人签章	
单位主管　　会计	复核　　　　记账	

提示：支付给伟明配件厂款项与支付给广博运输公司款项应分别填制两张支票。

1月19日

(30) 用现金购进办公用品630元，均由厂部办公部门领用。

30-1

广东省广州市工商企业商品销售统一发票 国税监

发票联 （92458-246994）

No.1505-4473769

顾客名称：宏达家用电器厂　　　开户银行

地　　址：　　　　　　　　　　账　号　　　2010年1月19日填发

货品名称及规格	件数	单位	数量	单价	超过拾万元无效	金　额							
						万	千	百	十	元	角	分
办公用品		批						6	3	0	0	0
合　计 人民币 （大写）陆佰叁拾零元零角零分					合计	￥		6	3	0	0	0
提货地点及日期　　　　　年　月　日			提货人		运输队　　　年　月　日			备注				

填票人　　　　　收款人　宋　明　　　业户名称及地址（章）：

第二联：结算（报帐）凭证

(31) 从银行提取现金2 000元。

31-1

中国工商行支票存根（粤）	中国工商银行支票（粤） 　　　　广州 No.56430023
No.56430023 科　目：＿＿＿＿＿ 对方科目：＿＿＿＿＿ 出票日期　年　月　日 收款人：＿＿＿＿＿ 金　额：＿＿＿＿＿ 用　途：＿＿＿＿＿ 单位主管　　　会计	出票日期(大写)　　　年　月　日　　付款行名称：白云路办 收款人：　　　　　　　　　　　　　出票人账号：015-8345006 本支票付款期十天　人民币（大写） ｜ 百 ｜ 十 ｜ 万 ｜ 千 ｜ 百 ｜ 十 ｜ 元 ｜ 角 ｜ 分 ｜ 用途：＿＿＿＿＿ 上列款项请从　　　　　　　科目（借）＿＿＿＿＿ 我账户内支付　　　　　　　对方科目（贷）＿＿＿＿＿ 出票人签章 　　　　　　　　　　　　复核　　　　记账

1月20日

(32)职工黄丽珍报销参加广东电大学习培训费用1 000元,以现金支付。

32-1

广东省行政事业单位非经营收入发票　　粤地(99121)

发 票 联

顾客名称:黄丽珍

地　　址:广州白云路10号　　　　　　2010年1月20日填发

项　目	单位	数量	收费标准	金　额							备　注
				万	千	百	十	元	角	分	
学习培训费		1	1 000	超过拾万元无效	1	0	0	0	0	0	
合　计 人民币 (大写)壹仟零佰零拾零元零角零分				¥	1	0	0	0	0	0	

32-2

报销学习培训费申请书

2010年1月20日

申请人	黄丽珍	申请事由	参加广东电大学习
报销金额	壹仟元整		¥1 000
领导意见	同意报销		

1月21日

(33)向东方百货公司销售微波炉100台,售价每台1 200元,增值税率17%。微波炉已发出,但款项未收到。

33-1

广东省增值税专用发票

记账联

No.

开票日期： 年 月 日

购货单位	名　　称：							
	纳税人识别号：							
	地　址、电话：							
	开户行及账号：							
货物或应税劳务名称	规格型号	单位	数量	单价	金额	税率	税额
价格合计（大写）					（小写）¥		
销货单位	名　　称：						
	纳税人识别号：				备注		
	地　址、电话：						
	开户行及账号：						

国税函[2007]200号宏达家用电器厂

第四联：记账联　销货方记账凭证

（密码区 略）

（发票专用章 宏达家用电器厂 440105200632739）

收款人：　　　复核：　　　开票人：　　　销货单位：（章）

备注：购货单位：东方百货公司　　地址：广州市环市东路115号　　电话：020-83315116

　　　税务登记号：501432860091235

　　　开户银行及账号：018-2678100　工行环市东办

　　　结算方式：赊销

33-2

收货单位：　　　　　　　　　**送　货　单**　　　　　No 0033875

地　　址：　　　　　　　　　　年　月　日

货物名称	单位	数量	单价	金额
合　　计				
附　　注				

第二联：回单

收货单位
及经手人：　　　　　　　　送货单位
　　　　　　　　　　　　　及经手人：

1月22日

(34) 陈伟报销医药费用500元,其中应由职工个人负担20%。以现金支付。

34-1

广东中医院报销凭单

姓名	陈 伟	日期 2010年1月22日
项 目		金 额
中药费		300
治疗费		200
合 计		500

备注:应由职工个人负担20%

1月23日

(35) 从恒丰五金公司购进工具760元,开出支票支付,工具已由车间领用。

35-1

广东省广州市工商企业商品销售统一发票   国税监
(92155-240998)
No.1505-1678720

顾客名称:宏达家用电器厂   开户银行:工行白云路办

地　址:　　　　　　　　账　号:　　　　　　　　2010年1月23日填发

货品名称及规格	件数	单位	数量	单价	超过拾万元无效	金额 万 千 百 十 元 角 分
工具		批	1			7 6 0 0 0
合计人民币(大写)零万零仟柒佰陆拾零元零角零分					合计	¥ 7 6 0 0 0
提货地点及日期　　年 月 日			提货人　　年 月 日		备注	

填票人　　　　收款人 李 敏　　　　业户名称及地址(章):恒丰五金公司

第二联:结算(报账)凭证

35-2

中国工商行支票存根(粤)	中国工商银行支票(粤)	广州 No.56430024

中国工商行支票存根(粤)
No.56430024
科　目：_____
对方科目：_____
出票日期　年　月　日
收款人：_____
金　额：_____
用　途：_____
单位主管　　会计

中国工商银行支票(粤)　　广州　No.56430024
出票日期(大写)　　年　月　日　　付款行名称：白云路办
收款人：　　　　　　　　　　　　出票人账号：015-8345006

本支票付款期十天

人民币(大写)	百	十	万	千	百	十	元	角	分

用途：_____
上列款项请从
我账户内支付
出票人签章

科目(借)_____
对方科目(贷)_____

复核　　　记账

1月24日

（36）上年应收惠民零售店货款460元，因该企业倒闭无法收回，冲减坏账准备。

36-1

坏账损失处理报告单

客户名称	惠民零售店	损失金额	460元	原因	企业倒闭
处理意见	冲减坏账准备				
	2010年1月24日				
审批人	陈辉	注册会计师意见	同意	注册会计师	李鹏勇

1月25日

（37）厂工会组织卡拉OK比赛，开支1 200元，以支票支付。

37-1

广东省广州市服务业发票

发 票 联　　　　　　地税监
　　　　　　　　　　　（99893）
　　　　　　　　　　　8901－8800189

顾客名称：宏达家用电器厂　　　　经济性质：
地　　址：广州白云路10号　　　　2010年1月25日填发

项　目	超过一万元无效	金　额							备　注
		千	百	十	元	角	分	
出租卡拉OK厅		1	2	0	0	0	0	
合计人民币（大写）壹仟贰佰零拾零元零角零分	合计	1	2	0	0	0	0	

收款人　　　　开票人　　　　售票单位(章)：广州市第一文化宫

第二联：购票单位（个人）记账

37-2

中国工商行支票存根(粤)	**中国工商银行支票（粤）** 　　广州 No.56430025
No.56430025	出票日期(大写)　　　年　月　日　　付款行名称：白云路办
科　目：_____	收款人：　　　　　　　　　　　　出票人账号：015－8345006
对方科目：_____	
出票日期　年　月　日	本支票付款期十天
收款人：_____	人民币（大写）　　百 十 万 千 百 十 元 角 分
金　额：_____	用途_____
用　途：_____	上列款项请从　　　　　科目(借)_____
单位主管　　会计	我账户内支付　　　　　对方科目(贷)_____
	出票人签章
	复核　　　记账

（38）东方百货公司交来一张银行汇票，支付本月从宏达厂购进的微波炉部分货款100 000元。

38-1

中国工商银行进账单（收账通知）　1

2010年1月25日
第4号

出票人	全　称	东方百货公司	持票人	全　称	宏达家用电器厂
	账　号	018-2678100		账　号	015-8345006
	开户银行	工行环市东办		开户银行	工行广州白云路办

人民币（大写）	壹拾万元整	千百十万千百十元角分
		¥100000000

票据种类	银行汇票	
票据张数		

单位主管　　会计　　复核　　记账　　　　持票人开户行（章）

此联是持票人开户银行交给持票人的收账通知

1月26日

(39) 开出支票,支付本月水电费用共9 785.97元。其中,水费1 665元,车间应承担1 200元,厂部应承担465元,增值税216.45元;电费6 756元,车间应承担4 200元,厂部应承担2 556元,增值税1 148.52元。

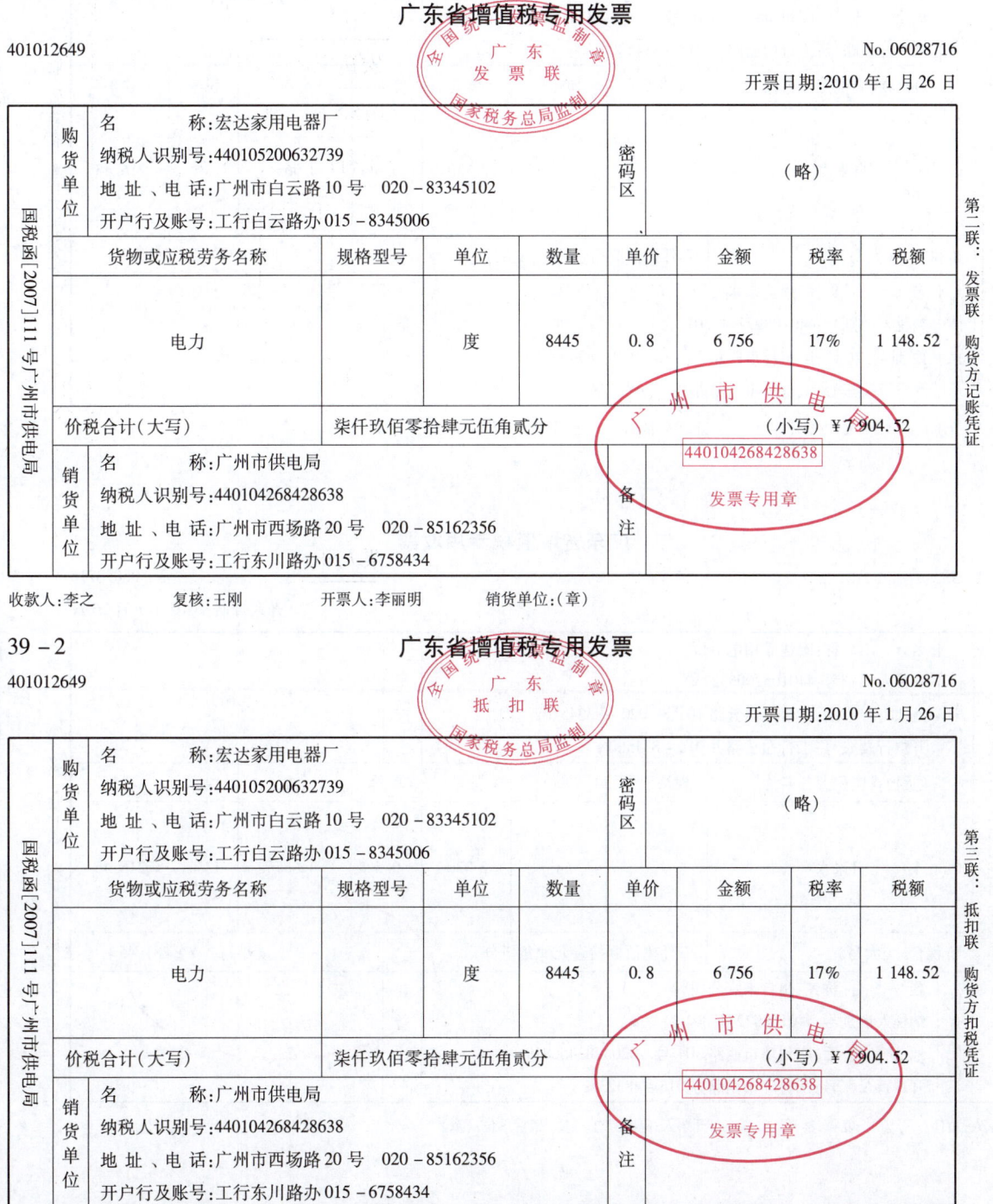

39-3

004012649

广东省增值税专用发票

No.06028716

开票日期:2010年1月26日

购货单位	名 称:宏达家用电器厂 纳税人识别号:440105200632739 地 址、电 话:广州市白云路10号 020-83345102 开户行及账号:工行白云路办 015-8345006	密码区	(略)		
货物或应税劳务名称	规格型号	单位	数量	单价	金额	税率	税额
自来水		m³	3 330	0.5	1 665	13%	216.45
价税合计(大写)	壹仟捌佰捌拾壹元肆角伍分			(小写)¥1 881.45		
销货单位	名 称:广州自来水公司 纳税人识别号:440108972447801 地 址、电 话:广州环市西路304号 030-83456819 开户行及账号:工行环市西路办 015-4832382	备注	440108972447801 发票专用章		

收款人:黄伟　　复核:李开　　开票人:陈明　　销货单位:(章)

39-4

004012649

广东省增值税专用发票

No.06028716

开票日期:2010年1月26日

购货单位	名 称:宏达家用电器厂 纳税人识别号:440105200632739 地 址、电 话:广州市白云路10号 020-83345102 开户行及账号:工行白云路办 015-8345006	密码区	(略)		
货物或应税劳务名称	规格型号	单位	数量	单价	金额	税率	税额
自来水		m³	3 330	0.5	1 665	13%	216.45
价税合计(大写)	壹仟捌佰捌拾壹元肆角伍分			(小写)¥1 881.45		
销货单位	名 称:广州自来水公司 纳税人识别号:440108972447801 地 址、电 话:广州环市西路304号 020-83456819 开户行及账号:工行环市西路办 015-4832382	备注	440108972447801 发票专用章		

收款人:黄伟　　复核:李开　　开票人:陈明　　销货单位:(章)

39－5

水电费分配表

2010 年 1 月 26 日

用途	水耗用(m³)	单价	金额	电耗用(度)	单价	金额	合计
生产车间	2 400	0.5	1 200	5 250	0.8	4 200	5 400
厂部管理	930	0.5	465	3 195	0.8	2 556	3 021
合计	3 330		1 665	8 445		6 756	8 421

39－6

中国工商行支票存根(粤)

No.56430026

科　目：_____
对方科目：_____
出票日期　年　月　日
收款人：_____
金　额：_____
用　途：_____
单位主管　　　会计

中国工商银行支票(粤)　　　广州　No.56430026

出票日期(大写)　　年　月　日　　付款行名称：白云路办
收款人：　　　　　　　　　　　　出票人账号：015－8345006

人民币	百	十	万	千	百	十	元	角	分
(大写)									

本支票付款期十天

用途_____
上列款项请从
我账户内支付
出票人签章

科目(借)_____
对方科目(贷)_____

复核　　　记账

39-7

中国工商行支票存根(粤)	中国工商银行支票(粤)	广州 No.56430027
No.56430027	出票日期(大写)　　年　月　日	付款行名称:白云路办
科　目:............	收款人:	出票人账号:015-8345006
对方科目:............	本支票付款期十天　人民币(大写)　　　　　　　　　　百十万千百十元角分	
出票日期　年　月　日	用途.........	
收款人:............	上列款项请从	科目(借).........
金　额:............	我账户内支付	对方科目(贷).........
用　途:............	出票人签章	
单位主管　　会计	复核　　　　记账	

1月27日

(40)张晓燕出差到杭州参加产品展销会已回来,报销差旅费1 100元。原预借差旅费用1 500元,退回现金400元。

40-1

旅差费报销单

单位名称:宏达家用电器厂　　填报日期:2010年1月27日

姓名	张晓燕	出差地点	杭州	出差日期	自2010年1月9日 至2010年1月15日					
事由	参加会议									
日期	起讫地点		车船或飞机		在途补助			住勤补助		杂(宿)费	备注
年月日	起	讫	类别	金额	行程时间	标准	金额	日数	标准	金额		
2010 1 9	广州	杭州		360				7	40	280	100	
2010 1 15	杭州	广州		360								收回现金400元
以上单据共4张　总计金额人民币(大写)壹仟壹佰元整									经领人(章)		王强	
预支差旅费人民币1 500元,退回现款人民币400元												

主管　　　审核　　　填报人:张晓燕

40-2

收　据
年　月　日

今收到 _____

_____

_____

金额(大写)　　　　仟　佰　拾　元　角　分

¥ _____

出纳：　　　经手人：

第三联：财会

提示：收回现金，应开出收据，一式三联。其中，第一联存根，第二联交付款人，第三联作为财会登账。

1月28日

(41)因资金不足，向银行申请借入1年期借款100 000元。

41-1

中国工商银行广州分行白云支行
贷款通知书
2010年1月28日

借款人(单位)名称	宏达家用电器厂	
借款金额	壹拾万元整	￥100 000
借款期限	2010年1月28日～2011年1月28日	偿还方式：
借款利率	5%	
备注		

(42)向华茂公司销售电饭煲450个，每个售价100元，开出增值税专用发票，税率17%，采用赊销方式。

42-1

广东省增值税专用发票

No.

开票日期： 年 月 日

购货单位	名　　称：				密码区	（略）		
	纳税人识别号：							
	地址、电话：							
	开户行及账号：							
货物或应税劳务名称	规格型号	单位	数量	单价	金额	税率	税额
价税合计（大写）			（小写）				
销货单位	名　　称：				备注			
	纳税人识别号：							
	地址、电话：							
	开户行及账号：							

国税函[2007]200号宏达家用电器厂

第四联：记账联 销货方记账凭证

收款人： 复核： 开票人： 销货单位：（章）

备注： 购货单位：华茂公司　地址：深圳市解放路2号　电话：0755-22687803
　　　　税务登记号：440105200687901
　　　　开户银行及账号：工行解放路办028-3024-7328001
　　　　结算方式：赊销

42-2

收货单位：　　　　　　　**送　货　单**　　　　　No 0033861

地　　址：　　　　　　　　　　年　月　日

货物名称	单位	数量	单价	金额
合　　计				
附　　注				

第二联：回单

收货单位
及经手人：　　　　　　　　　　送货单位
　　　　　　　　　　　　　　　及经手人：

1月29日

(43) 盘点财产物资,盘亏1台电钻,原值20 000元,已提折旧12 000元,盘亏原因未明。盘盈甲材料20个,原因未明。

43-1

财产清查盘盈盘亏报告表

部门:车间　　　　　　　　　　　　　　　　　　　　　　　2010年1月29日

资产编号	资产名称	资产规格型号	盘盈			盘亏			毁损		
			数量	单价	金额	数量	单价	金额	数量	单价	金额
	甲材料		20	10	200						
处理意见	审批部门			清查小组				使用保管部门			

43-2

财产清查盘盈盘亏报告表

部门:车间　　　　　　　　　　　　　　　　　　　　　　　2010年1月29日

资产编号	资产名称	原值(元)	已提折旧(元)	盘亏或盘盈	净损失(元)
	电钻	20 000	12 000	盘亏	8 000
处理意见	审批部门		清查小组		使用保管部门

1月30日

(44)摊销本月车间待摊固定资产修理费用400元,车间租用固定资产修理费用360元,厂部管理部门租用固定资产修理费1 200元,摊销预付财产保险费100元。

44-1

长期待摊费用及预付账款分配表

2010年1月30日

项　　目	应借科目	摊销金额(元)
预付财产保险费	管理费用	100
厂部租用固定资产修理费	管理费用	1 200
车间租用固定资产修理费	制造费用	360
车间固定资产修理费	制造费用	400
合　　计		2 060

1月31日

(45)根据存货发出记录编制原材料发出分配表。

45-1

仓库发料登记表

2010年1月31日

日期	部门	用途	甲材料 计量单位	甲材料 数量	乙材料 计量单位	乙材料 数量	丙材料 计量单位	丙材料 数量	丁材料 计量单位	丁材料 数量
1.4	车间	电饭煲	kg	218	kg	680				
1.6	车间	微波炉							kg	100
1.8	车间	一般耗用							kg	50
1.11	厂部	一般耗用					kg	140		
1.14	车间	电饭煲	kg	480	kg	410				
1.18	车间	微波炉					kg	280	kg	520
1.20	厂部	一般耗用					kg	50		
1.25	车间	电饭煲	kg	200	kg	200				
1.30	车间	微波炉					kg	260	kg	260
合计			kg	898	kg	1 290	kg	730	kg	930

提示:根据仓库发料登记表逐笔登记原材料明细账,只登记数量,不登记金额。

45－2

原材料发出汇总表
2010 年 1 月 31 日

项 目	电饭煲			微波炉			车间			厂部			合 计	
	数量	单价	金额	数量	单价	金额	数量	单价	金额	数量	单价	金额	数量	金额
甲材料	898	10	8 980										898	8 980
乙材料	1 290	5	6 450										1 290	6 450
丙材料				540	60	32 400				190	60	11 400	730	43 800
丁材料				880	20	17 600	50	20	1 000				930	18 600
合 计			15 430			50 000			1 000			11 400		77 830

提示：原材料成本等于耗用数量乘以入库单价。

（46）计提本月固定资产折旧 20 300 元，其中车间 17 600 元，厂部 2 700 元。

46－1

固定资产折旧计算表
2010 年 1 月 31 日　　　　　　　　单位：元

部　门	机　器	房　屋	合　计
生产车间	11 800	5 800	17 600
管理部门		2 700	2 700
合　计	11 800	8 500	20 300

（47）按生产工人工资分配结转本月制造费用。

47－1

制造费用分配表
2010 年 1 月 31 日

项　目	应借科目	分配标准（生产工人工资）	分配率	应分配费用额
电饭煲	生产成本			
微波炉	生产成本			
合　计				

65

(48)计算电饭煲、微波炉的生产成本,电饭煲、微波炉都没有期初在产品成本,本月投产的电饭煲已全部完工,共938个,验收入库;本月投产的微波炉已完工180台,尚有部分未完工,期末在产品价值为11 720元。(其中,原材料5 040元,工资4 370元,制造费用2 310元。)

48-1

完工商品成本汇总计算表

年　月　日　　　　　　　　　　　　　　　单位:元

成本项目	电饭煲		微波炉		合　计
	总成本	单位成本	总成本	单位成本	
直接材料					
直接人工					
制造费用					
完工商品成本					

48-2

仓库商品入库登记表

入库日期	电饭煲		微波炉	
	计量单位	数量	计量单位	数量
1月3日	个	200		
1月8日			台	20
1月10日	个	150		
1月14日	个	180		
1月18日			台	56
1月20日	个	98	台	18
1月25日	个	205	台	30
1月28日	个	105	台	56
合　计		938		180

提示:根据仓库商品入库登记表逐笔登记明细账,只登记数量,不登记金额。

(49)收到南盛公司交来支票,支付合同违约金2 000元。

49-1

中国工商银行进账单

2010年1月31日　　　　　　　　　　　第108号

出票人	全　称	南盛公司	持票人	全　称	宏达家用电器厂
	账　号	017-8592341		账　号	015-8345006
	开户银行	工行天河路办		开户银行	工行白云路办

人民币（大写）	贰仟元整	千百十万千百十元角元 ¥200000
票据种类	支票	
票据张数	1	

| 单位主管　　会计　　复核　　记账 | 持票人开户行（章） |

此联是持票人开户银行交给持票人的收账通知

(50) 接受南雄公司委托，代为安装一条生产线，安装费收入3 000元。收到南雄公司交来支票。

50-1

广东省安装服务业发票

发票联　　　　　　　　　　　No.82484

顾客名称：南雄公司
地　　址：

2010年1月31日填发

项　目	超过拾万元无效	金　额						备　注
		千	百	十	元	角	分	
安装费			3	0	0	0	0	0	
人民币合计（大写）叁仟元整		合计	3	0	0	0	0	0	

填票人　　收款人　　业户名称及地址（章）：宏达家用电器厂

第三联：记账联（销货方入账凭证）③

67

50-2

中国工商银行进账单(收账通知)

2010年1月31日　　　　　　　第　号

出票人	全　称	南雄公司	持票人	全　称	宏达家用电器厂
	账　号	015-8848678		账　号	015-8345006
	开户银行	工行广州小北路办		开户银行	工行广州白云路办

人民币（大写）	叁仟元整	千百十万千百十元角分
		￥3 0 0 0 0 0

票据种类	支票	
票据张数	1	

单位主管　　会计　　复核　　记账	持票人开户行(章)

此联是持票人开户银行交给持票人的收账通知

备注： 收到支票，已送银行，凭进账单记账。

(51) 按安装费收入3%计提应交营业税；按应交营业税7%计提应交城市维护建设税；按应交营业税3%计提应交教育费附加。

51-1

应交营业税计算表

2010年1月31日

项目	应税收入	税率	应交营业税
合　计			

51-2

应交城建税、教育费附加计算表

2010年1月31日

项目	应交营业税	城建税税率	应交城建税	教育费附加率	应交教育费附加
合　计					

(52) 根据本月销售数量计算并结转本月主营业务成本。

52-1

商品销售成本汇总计算表

年　月　日　　　　　　　　　　　　　　　单位:元

商品名称	销售数量	单位成本	总成本
电饭煲			
微波炉			
合　计			

提示:本月销售数量为电饭煲1 570个,微波炉240台。

(53) 计算本月应交增值税。

53-1

应交增值税计算表

2010年1月31日

项　　目	当期进项税额	当期销项税额	应交增值税
合　计			

提示:本月应交增值税应在下月缴交,故无需进行账务处理。

(54) 按本月应交增值税的7%计提城市维护建设税;按本月应交增值税的3%计提教育费附加。

54-1

应交城建税、教育费附加计算表

2010年1月31日

项　目	应交增值税	城建税税率	应交城建税	教育费附加率	应交教育费附加
合　计					

(55) 经领导批准,本月29日盘点处理为:盘亏电钻损失列入营业外支出,盘盈的甲材料冲减管理费用。

55-1

财产清查结果处理意见

2010 年 1 月 31 日

盘盈	甲材料	金额	200 元	处理意见	冲减管理费用
盘亏	电钻	原值	20 000 元	已提折旧	12 000 元
损失净值	8 000 元	处理意见		转入营业外支出	

审批人：陈辉

(56) 计提短期借款应付利息 560 元。

56-1

借款本金	月利率	应付利息
140 000	4‰	560

(57) 按应收账款余额 10% 计提坏账准备。其他资产无发生减值迹象。

57-1

坏账准备计算表

年　月　日

项目	余额	计提比率	应计提坏账准备额	备注
应收账款		10%		
合　计				

审核：　　　　　　　制单：

(58）结转损益类账户并计算利润总额。

58-1

本月损益类账户发生额汇总表

账户名称	借方发生额	贷方发生额
主营业务收入		
其他业务收入		
营业外收入		
主营业务成本		
其他业务成本		
销售费用		
营业税金及附加		
管理费用		
财务费用		
资产减值损失		
营业外支出		
合　　计		

(59）根据本月利润总额计提应交所得税（所得税率25％）

59-1

应交所得税计算表

2010年1月31日

利润总额	所得税率	应交所得税

(60) 按税后利润的 10% 计提法定盈余公积,5% 计提任意盈余公积。

60-1

计提盈余公积计算表
2010 年 1 月 31 日

利润总额	所得税	税后利润	计提比例	应计提盈余公积

(61) 按税后利润的 50% 计提应付股利。

61-1

计提应付股利计算表
2010 年 1 月 31 日

利润总额	所得税	税后利润	计提比例	应计提应付股利

(62) 期末结账,编制试算平衡表。

(63) 编制利润表。

(64) 编制资产负债表。

(65) 编制现金流量表。

(66) 编制所有者权益变动表。

(67) 根据工商银行转来的下旬对账单与企业银行存款日记账核对,并编制银行存款余额调节表(注:上、中旬没有未达账项)。

67-1

中国工商银行广州分行白云路办对账单

2010 年 1 月 20 日　余额　272 859.75 元

日期	支出来源	金额(元)	日期	收入来源	金额(元)
1 月 24 日	恒丰五金公司(支票)	760	1 月 26 日	东方百货公司(支票)	100 000
1 月 26 日	支付水电费(支票)	9 785.97	1 月 29 日	借入借款	100 000
1 月 31 日	支付方正零件厂(托收)	5 323.50	1 月 31 日	东方百货公司(汇付)	140 400
			1 月 31 日	南雄公司(支票)	3 000

1 月 31 日余额:600 390.28 元。

第四部分　基础会计学实务资料

一、收款记账凭证、付款记账凭证、转账凭证

收款凭证

借方科目：　　　　　　　　　年　月　日　　　　　　字第　　号

摘要	贷方科目		记账符号	金额									
	一级科目	二级或明细科目		百	十	万	千	百	十	元	角	分	
													附件
													张
合　计													

会计主管　　　　出纳　　　　记账　　　　审核　　　　制单

收款凭证

借方科目：　　　　　　　　　年　月　日　　　　　　字第　　号

摘要	贷方科目		记账符号	金额									
	一级科目	二级或明细科目		百	十	万	千	百	十	元	角	分	
													附件
													张
合　计													

会计主管　　　　出纳　　　　记账　　　　审核　　　　制单

收 款 凭 证

借方科目：　　　　　　　　　　年　月　日　　　　　　字第　　号

摘要	贷方科目		记账符号	金额								
	一级科目	二级或明细科目		百	十万	千	百	十	元	角	分
合　计											

附件　　张

会计主管　　　　出纳　　　　记账　　　　审核　　　　制单

收 款 凭 证

借方科目：　　　　　　　　　　年　月　日　　　　　　字第　　号

摘要	贷方科目		记账符号	金额								
	一级科目	二级或明细科目		百	十万	千	百	十	元	角	分
合　计											

附件　　张

会计主管　　　　出纳　　　　记账　　　　审核　　　　制单

收 款 凭 证

借方科目：　　　　　　　　　　年　月　日　　　　　　字第　　号

摘　　要	贷　方　科　目		记账符号	金　　额								
	一级科目	二级或明细科目		百	十	万	千	百	十	元	角	分
合　　　计												

附件　　张

会计主管　　　　出纳　　　　记账　　　　审核　　　　制单

收 款 凭 证

借方科目：　　　　　　　　　　年　月　日　　　　　　字第　　号

摘　　要	贷　方　科　目		记账符号	金　　额								
	一级科目	二级或明细科目		百	十	万	千	百	十	元	角	分
合　　　计												

附件　　张

会计主管　　　　出纳　　　　记账　　　　审核　　　　制单

收 款 凭 证

借方科目：　　　　　　　　　年　月　日　　　　　　字第　　号

摘　　要	贷　方　科　目		记账符号	金　　额									附件
	一级科目	二级或明细科目		百	十	万	千	百	十	元	角	分	
													张
合　　计													

会计主管　　　　出纳　　　　记账　　　　审核　　　　制单

收 款 凭 证

借方科目：　　　　　　　　　年　月　日　　　　　　字第　　号

摘　　要	贷　方　科　目		记账符号	金　　额									附件
	一级科目	二级或明细科目		百	十	万	千	百	十	元	角	分	
													张
合　　计													

会计主管　　　　出纳　　　　记账　　　　审核　　　　制单

收 款 凭 证

借方科目：　　　　　　　　　　年　月　日　　　　　　　字第　　号

摘　　　要	贷　方　科　目		记账符号	金　　　额									
	一级科目	二级或明细科目		百	十	万	千	百	十	元	角	分
合　　计												

附件　　　张

会计主管　　　出纳　　　记账　　　审核　　　制单

收 款 凭 证

借方科目：　　　　　　　　　　年　月　日　　　　　　　字第　　号

摘　　　要	贷　方　科　目		记账符号	金　　　额									
	一级科目	二级或明细科目		百	十	万	千	百	十	元	角	分
合　　计												

附件　　　张

会计主管　　　出纳　　　记账　　　审核　　　制单

收 款 凭 证

借方科目：　　　　　　　　　　　年　月　日　　　　　　字第　　号

摘　　要	贷　方　科　目		记账符号	金　　额									
	一级科目	二级或明细科目		百	十	万	千	百	十	元	角	分
合　　计												

附件　　张

会计主管　　　　出纳　　　　记账　　　　审核　　　　制单

收 款 凭 证

借方科目：　　　　　　　　　　　年　月　日　　　　　　字第　　号

摘　　要	贷　方　科　目		记账符号	金　　额									
	一级科目	二级或明细科目		百	十	万	千	百	十	元	角	分
合　　计												

附件　　张

会计主管　　　　出纳　　　　记账　　　　审核　　　　制单

付 款 凭 证

贷方科目： 　　　　　　　年　月　日　　　　　字第　　号

摘　　要	借方科目		金　额	√
	一级科目	明细科目	亿千百十万千百十元角分	
合　计				

会计主管　　复核　　记账　　出纳　　审核　　制单

附件　　　张

付 款 凭 证

贷方科目： 　　　　　　　年　月　日　　　　　字第　　号

摘　　要	借方科目		金　额	√
	一级科目	明细科目	亿千百十万千百十元角分	
合　计				

会计主管　　复核　　记账　　出纳　　审核　　制单

附件　　　张

付 款 凭 证

贷方科目：　　　　　　　　　年　月　日　　　　字第　号

摘　　要	借　方　科　目		金　　　　额											
	一级科目	明细科目	亿	千	百	十	万	千	百	十	元	角	分
合　　计													

附件　　　张

会计主管　　复核　　记账　　出纳　　审核　　制单

付 款 凭 证

贷方科目：　　　　　　　　　年　月　日　　　　字第　号

摘　　要	借　方　科　目		金　　　　额											
	一级科目	明细科目	亿	千	百	十	万	千	百	十	元	角	分
合　　计													

附件　　　张

会计主管　　复核　　记账　　出纳　　审核　　制单

付 款 凭 证

贷方科目：　　　　　　　　　　年　月　日　　　　　　　字第　　号

摘　要	借　方　科　目		金　额	√
	一级科目	明细科目	亿千百十万千百十元角分	
				附件
				张
合　计				

会计主管　　复核　　记账　　出纳　　审核　　制单

付 款 凭 证

贷方科目：　　　　　　　　　　年　月　日　　　　　　　字第　　号

摘　要	借　方　科　目		金　额	√
	一级科目	明细科目	亿千百十万千百十元角分	
				附件
				张
合　计				

会计主管　　复核　　记账　　出纳　　审核　　制单

付 款 凭 证

贷方科目：　　　　　　　　　年　月　日　　　　　　字第　　号

摘　要	借　方　科　目		金　　额										
	一级科目	明细科目	亿	千	百	十	万	千	百	十	元	角	分
合　计													

√ 附件　　张

会计主管　　复核　　记账　　出纳　　审核　　制单

付 款 凭 证

贷方科目：　　　　　　　　　年　月　日　　　　　　字第　　号

摘　要	借　方　科　目		金　　额										
	一级科目	明细科目	亿	千	百	十	万	千	百	十	元	角	分
合　计													

√ 附件　　张

会计主管　　复核　　记账　　出纳　　审核　　制单

付 款 凭 证

贷方科目：　　　　　　　　　　年　月　日　　　　　　字第　　号

摘　要	借　方　科　目		金　　额										√
	一级科目	明细科目	亿	千	百	十	万	千	百	十	元	角	分
合　计													

附件　　张

会计主管　　复核　　记账　　出纳　　审核　　制单

付 款 凭 证

贷方科目：　　　　　　　　　　年　月　日　　　　　　字第　　号

摘　要	借　方　科　目		金　　额										√
	一级科目	明细科目	亿	千	百	十	万	千	百	十	元	角	分
合　计													

附件　　张

会计主管　　复核　　记账　　出纳　　审核　　制单

付 款 凭 证

贷方科目：　　　　　　　　　　年　月　日　　　　　　字第　　号

摘　　要	借　方　科　目		金　　额										√
	一级科目	明细科目	亿	千	百	十	万	千	百	十	元	角	分
合　计													

附件　　　　张

会计主管　　　复核　　　记账　　　出纳　　　审核　　　制单

付 款 凭 证

贷方科目：　　　　　　　　　　年　月　日　　　　　　字第　　号

摘　　要	借　方　科　目		金　　额										√
	一级科目	明细科目	亿	千	百	十	万	千	百	十	元	角	分
合　计													

附件　　　　张

会计主管　　　复核　　　记账　　　出纳　　　审核　　　制单

付 款 凭 证

贷方科目：　　　　　　　　　　年　月　日　　　　　　字第　号

摘　　要	借　方　科　目		金　　额											
	一级科目	明细科目	亿	千	百	十	万	千	百	十	元	角	分
合　　计													

附件　　张

会计主管　　复核　　记账　　出纳　　审核　　制单

付 款 凭 证

贷方科目：　　　　　　　　　　年　月　日　　　　　　字第　号

摘　　要	借　方　科　目		金　　额											
	一级科目	明细科目	亿	千	百	十	万	千	百	十	元	角	分
合　　计													

附件　　张

会计主管　　复核　　记账　　出纳　　审核　　制单

付 款 凭 证

贷方科目：　　　　　　　　　　年　月　日　　　　　　字第　　号

摘　　要	借　方　科　目		金　　额											
	一级科目	明细科目	亿	千	百	十	万	千	百	十	元	角	分
合　　计													

附件　　张

会计主管　　复核　　记账　　出纳　　审核　　制单

付 款 凭 证

贷方科目：　　　　　　　　　　年　月　日　　　　　　字第　　号

摘　　要	借　方　科　目		金　　额											
	一级科目	明细科目	亿	千	百	十	万	千	百	十	元	角	分
合　　计													

附件　　张

会计主管　　复核　　记账　　出纳　　审核　　制单

付 款 凭 证

贷方科目：　　　　　　　　　　年　月　日　　　　　　　字第　　号

摘　　　要	借方科目		金　　　额										√
	一级科目	明细科目	亿	千	百	十	万	千	百	十	元	角	分
合　　计													

附件　　　张

会计主管　　　复核　　　记账　　　出纳　　　审核　　　制单

付 款 凭 证

贷方科目：　　　　　　　　　　年　月　日　　　　　　　字第　　号

摘　　　要	借方科目		金　　　额										√
	一级科目	明细科目	亿	千	百	十	万	千	百	十	元	角	分
合　　计													

附件　　　张

会计主管　　　复核　　　记账　　　出纳　　　审核　　　制单

付 款 凭 证

贷方科目：　　　　　　　　　年　月　日　　　　字第　　号

摘　　要	借　方　科　目		金　　额	√
	一级科目	明细科目	亿千百十万千百十元角分	
合　计				

附件　　　　张

会计主管　　复核　　记账　　出纳　　审核　　制单

付 款 凭 证

贷方科目：　　　　　　　　　年　月　日　　　　字第　　号

摘　　要	借　方　科　目		金　　额	√
	一级科目	明细科目	亿千百十万千百十元角分	
合　计				

附件　　　　张

会计主管　　复核　　记账　　出纳　　审核　　制单

付 款 凭 证

贷方科目： 　　　　　　年　月　日　　　　字第　　号

摘　　要	借方科目		金　　额										√
	一级科目	明细科目	亿	千	百	十	万	千	百	十	元	角	分
合　　计													

附件　　　张

会计主管　　复核　　记账　　出纳　　审核　　制单

付 款 凭 证

贷方科目： 　　　　　　年　月　日　　　　字第　　号

摘　　要	借方科目		金　　额										√
	一级科目	明细科目	亿	千	百	十	万	千	百	十	元	角	分
合　　计													

附件　　　张

会计主管　　复核　　记账　　出纳　　审核　　制单

付 款 凭 证

贷方科目：　　　　　　　　　年　月　日　　　　字第　　号

| 摘　　要 | 借方科目 | | 金　额 | √ |
	一级科目	明细科目	亿千百十万千百十元角分	
				附件
				张
合　计				

会计主管　　　复核　　　记账　　　出纳　　　审核　　　制单

付 款 凭 证

贷方科目：　　　　　　　　　年　月　日　　　　字第　　号

| 摘　　要 | 借方科目 | | 金　额 | √ |
	一级科目	明细科目	亿千百十万千百十元角分	
				附件
				张
合　计				

会计主管　　　复核　　　记账　　　出纳　　　审核　　　制单

付 款 凭 证

贷方科目：　　　　　　　　　　　年　月　日　　　　　　字第　　号

摘　要	借方科目		金　额										√
	一级科目	明细科目	亿	千	百	十	万	千	百	十	元	角	分
合　计													

附件　　　张

会计主管　　复核　　记账　　出纳　　审核　　制单

付 款 凭 证

贷方科目：　　　　　　　　　　　年　月　日　　　　　　字第　　号

摘　要	借方科目		金　额										√
	一级科目	明细科目	亿	千	百	十	万	千	百	十	元	角	分
合　计													

附件　　　张

会计主管　　复核　　记账　　出纳　　审核　　制单

付 款 凭 证

贷方科目：　　　　　　　　　　年　月　日　　　　字第　　号

摘　　要	借方科目		金　额												√
	一级科目	明细科目	亿	千	百	十	万	千	百	十	元	角	分	
合　计														

附件　　　张

会计主管　　复核　　记账　　出纳　　审核　　制单

付 款 凭 证

贷方科目：　　　　　　　　　　年　月　日　　　　字第　　号

摘　　要	借方科目		金　额												√
	一级科目	明细科目	亿	千	百	十	万	千	百	十	元	角	分	
合　计														

附件　　　张

会计主管　　复核　　记账　　出纳　　审核　　制单

转 账 凭 证

年　　月　　日　　　　　　字第　　号

摘　　要	总账科目	明细科目	借方金额											贷方金额									
			亿	千	百	十	万	千	百	十	元	角	分	亿	千	百	十	万	千	百	十	元	角	分
合　　计																									

附件　　张

会计主管　　复核　　记账　　出纳　　审核　　制单

转 账 凭 证

年　　月　　日　　　　　　字第　　号

摘　　要	总账科目	明细科目	借方金额											贷方金额									
			亿	千	百	十	万	千	百	十	元	角	分	亿	千	百	十	万	千	百	十	元	角	分
合　　计																									

附件　　张

会计主管　　复核　　记账　　出纳　　审核　　制单

转 账 凭 证

　　　　　　　　　　　　　年　　月　　日　　　　　　字第　　号

摘　　　要	总账科目	明细科目	借方金额											贷方金额										
			亿	千	百	十	万	千	百	十	元	角	分	亿	千	百	十	万	千	百	十	元	角	分
合　　计																								

会计主管　　　复核　　　记账　　　出纳　　　审核　　　制单

附件　　　张

转 账 凭 证

　　　　　　　　　　　　　年　　月　　日　　　　　　字第　　号

摘　　　要	总账科目	明细科目	借方金额											贷方金额										
			亿	千	百	十	万	千	百	十	元	角	分	亿	千	百	十	万	千	百	十	元	角	分
合　　计																								

会计主管　　　复核　　　记账　　　出纳　　　审核　　　制单

附件　　　张

转 账 凭 证

　　　　　　　　　　　　年　月　日　　　　　字第　号

摘　　　要	总账科目	明细科目	借方金额 亿千百十万千百十元角分	贷方金额 亿千百十万千百十元角分	
					附件
					张
合　　计					

会计主管　　复核　　记账　　出纳　　审核　　制单

转 账 凭 证

　　　　　　　　　　　　年　月　日　　　　　字第　号

摘　　　要	总账科目	明细科目	借方金额 亿千百十万千百十元角分	贷方金额 亿千百十万千百十元角分	
					附件
					张
合　　计					

会计主管　　复核　　记账　　出纳　　审核　　制单

转 账 凭 证

年　月　日　　　　　　　字第　　号

摘　　要	总账科目	明细科目	借方金额											贷方金额											
			亿	千	百	十	万	千	百	十	元	角	分	亿	千	百	十	万	千	百	十	元	角	分	√
																									附件
																									张
合　计																									

会计主管　　　复核　　　记账　　　出纳　　　审核　　　制单

转 账 凭 证

年　月　日　　　　　　　字第　　号

摘　　要	总账科目	明细科目	借方金额											贷方金额											
			亿	千	百	十	万	千	百	十	元	角	分	亿	千	百	十	万	千	百	十	元	角	分	√
																									附件
																									张
合　计																									

会计主管　　　复核　　　记账　　　出纳　　　审核　　　制单

转 账 凭 证

年　月　日　　　　　字第　号

摘　要	总账科目	明细科目	借方金额 亿千百十万千百十元角分	贷方金额 亿千百十万千百十元角分	
					附件
					张
合　计					

会计主管　　复核　　记账　　出纳　　审核　　制单

转 账 凭 证

年　月　日　　　　　字第　号

摘　要	总账科目	明细科目	借方金额 亿千百十万千百十元角分	贷方金额 亿千百十万千百十元角分	
					附件
					张
合　计					

会计主管　　复核　　记账　　出纳　　审核　　制单

转 账 凭 证

　　　　　　　　　　　　　　年　　月　　日　　　　　　字第　　号

摘　　要	总账科目	明细科目	借方金额											贷方金额											
			亿	千	百	十	万	千	百	十	元	角	分	亿	千	百	十	万	千	百	十	元	角	分
合　　计																									

会计主管　　　复核　　　记账　　　出纳　　　审核　　　制单

附件　　　张

转 账 凭 证

　　　　　　　　　　　　　　年　　月　　日　　　　　　字第　　号

摘　　要	总账科目	明细科目	借方金额											贷方金额											
			亿	千	百	十	万	千	百	十	元	角	分	亿	千	百	十	万	千	百	十	元	角	分
合　　计																									

会计主管　　　复核　　　记账　　　出纳　　　审核　　　制单

附件　　　张

转账凭证

年　　月　　日　　　　　　字第　　号

摘　　要	总账科目	明细科目	借方金额											贷方金额											√
			亿	千	百	十	万	千	百	十	元	角	分	亿	千	百	十	万	千	百	十	元	角	分
合　　计																								

附件　　　张

会计主管　　复核　　记账　　出纳　　审核　　制单

转账凭证

年　　月　　日　　　　　　字第　　号

摘　　要	总账科目	明细科目	借方金额											贷方金额											√
			亿	千	百	十	万	千	百	十	元	角	分	亿	千	百	十	万	千	百	十	元	角	分
合　　计																								

附件　　　张

会计主管　　复核　　记账　　出纳　　审核　　制单

转 账 凭 证

　　　　　　　　　　　　　　年　　月　　日　　　　　　字第　　号

摘　　要	总账科目	明细科目	借方金额										贷方金额										√
			亿	千	百	十	万	千	百	十	元	角	分	亿	千	百	十	万	千	百	十	元	角	分	
																									附件
																									张
合　计																									

会计主管　　　复核　　　记账　　　出纳　　　审核　　　制单

转 账 凭 证

　　　　　　　　　　　　　　年　　月　　日　　　　　　字第　　号

摘　　要	总账科目	明细科目	借方金额										贷方金额										√
			亿	千	百	十	万	千	百	十	元	角	分	亿	千	百	十	万	千	百	十	元	角	分	
																									附件
																									张
合　计																									

会计主管　　　复核　　　记账　　　出纳　　　审核　　　制单

转 账 凭 证

　　　　　　　　　　　　　　年　月　日　　　　　　字第　　号

摘　　要	总账科目	明细科目	借方金额 亿千百十万千百十元角分	贷方金额 亿千百十万千百十元角分	√
合　　计					

附件　　　　张

会计主管　　　复核　　　记账　　　出纳　　　审核　　　制单

转 账 凭 证

　　　　　　　　　　　　　　年　月　日　　　　　　字第　　号

摘　　要	总账科目	明细科目	借方金额 亿千百十万千百十元角分	贷方金额 亿千百十万千百十元角分	√
合　　计					

附件　　　　张

会计主管　　　复核　　　记账　　　出纳　　　审核　　　制单

转 账 凭 证

年　月　日　　　　　字第　　号

摘要	总账科目	明细科目	借方金额 亿千百十万千百十元角分	贷方金额 亿千百十万千百十元角分	√
					附件
					张
合　计					

会计主管　　　复核　　　记账　　　出纳　　　审核　　　制单

转 账 凭 证

年　月　日　　　　　字第　　号

摘要	总账科目	明细科目	借方金额 亿千百十万千百十元角分	贷方金额 亿千百十万千百十元角分	√
					附件
					张
合　计					

会计主管　　　复核　　　记账　　　出纳　　　审核　　　制单

转 账 凭 证

年　月　日　　　　　　字第　　号

摘　　要	总账科目	明细科目	借方金额 亿千百十万千百十元角分	贷方金额 亿千百十万千百十元角分	√
					附件
					张
合　　计					

会计主管　　复核　　记账　　出纳　　审核　　制单

转 账 凭 证

年　月　日　　　　　　字第　　号

摘　　要	总账科目	明细科目	借方金额 亿千百十万千百十元角分	贷方金额 亿千百十万千百十元角分	√
					附件
					张
合　　计					

会计主管　　复核　　记账　　出纳　　审核　　制单

转 账 凭 证

年　月　日　　　　字第　　号

摘　要	总账科目	明细科目	借方金额 亿千百十万千百十元角分	贷方金额 亿千百十万千百十元角分	√
					附件
					张
合　计					

会计主管　　复核　　记账　　出纳　　审核　　制单

转 账 凭 证

年　月　日　　　　字第　　号

摘　要	总账科目	明细科目	借方金额 亿千百十万千百十元角分	贷方金额 亿千百十万千百十元角分	√
					附件
					张
合　计					

会计主管　　复核　　记账　　出纳　　审核　　制单

转 账 凭 证

年　月　日　　　　　　字第　　号

摘　　要	总账科目	明细科目	借方金额											贷方金额											√
			亿	千	百	十	万	千	百	十	元	角	分	亿	千	百	十	万	千	百	十	元	角	分	
合　计																									

附件　　　张

会计主管　　　复核　　　记账　　　出纳　　　审核　　　制单

转 账 凭 证

年　月　日　　　　　　字第　　号

摘　　要	总账科目	明细科目	借方金额											贷方金额											√
			亿	千	百	十	万	千	百	十	元	角	分	亿	千	百	十	万	千	百	十	元	角	分	
合　计																									

附件　　　张

会计主管　　　复核　　　记账　　　出纳　　　审核　　　制单

转 账 凭 证

　　　　　　　　　　　　　　　　年　月　日　　　　　　字第　　号

摘　　要	总账科目	明细科目	借方金额 亿千百十万千百十元角分	贷方金额 亿千百十万千百十元角分	
					附件
					张
合　　计					

会计主管　　复核　　记账　　出纳　　审核　　制单

转 账 凭 证

　　　　　　　　　　　　　　　　年　月　日　　　　　　字第　　号

摘　　要	总账科目	明细科目	借方金额 亿千百十万千百十元角分	贷方金额 亿千百十万千百十元角分	
					附件
					张
合　　计					

会计主管　　复核　　记账　　出纳　　审核　　制单

转 账 凭 证

年　　月　　日　　　　　　　字第　　号

摘　　要	总账科目	明细科目	借方金额 亿千百十万千百十元角分	贷方金额 亿千百十万千百十元角分	√
					附件
					张
合　　计					

会计主管　　　复核　　　记账　　　出纳　　　审核　　　制单

转 账 凭 证

年　　月　　日　　　　　　　字第　　号

摘　　要	总账科目	明细科目	借方金额 亿千百十万千百十元角分	贷方金额 亿千百十万千百十元角分	√
					附件
					张
合　　计					

会计主管　　　复核　　　记账　　　出纳　　　审核　　　制单

转 账 凭 证

年　月　日　　　　　字第　　号

摘　　要	总账科目	明细科目	借方金额											贷方金额											√
			亿	千	百	十	万	千	百	十	元	角	分	亿	千	百	十	万	千	百	十	元	角	分	
合　　计																									

附件　　张

会计主管　　复核　　记账　　出纳　　审核　　制单

转 账 凭 证

年　月　日　　　　　字第　　号

摘　　要	总账科目	明细科目	借方金额											贷方金额											√
			亿	千	百	十	万	千	百	十	元	角	分	亿	千	百	十	万	千	百	十	元	角	分	
合　　计																									

附件　　张

会计主管　　复核　　记账　　出纳　　审核　　制单

转 账 凭 证

　　　　　　　　　　　　　年　月　日　　　　　字第　　号

摘　要	总账科目	明细科目	借方金额 亿千百十万千百十元角分	贷方金额 亿千百十万千百十元角分	√
					附件
					张
合　计					

会计主管　　复核　　记账　　出纳　　审核　　制单

转 账 凭 证

　　　　　　　　　　　　　年　月　日　　　　　字第　　号

摘　要	总账科目	明细科目	借方金额 亿千百十万千百十元角分	贷方金额 亿千百十万千百十元角分	√
					附件
					张
合　计					

会计主管　　复核　　记账　　出纳　　审核　　制单

转 账 凭 证

年　　月　　日　　　　　字第　　号

摘　　要	总账科目	明细科目	借方金额										贷方金额									
			亿	千	百	十	万	千	百	十	元	角	分	亿	千	百	十	万	千	百	十	元	角	分
合　　计																									

附件　　张

会计主管　　复核　　记账　　出纳　　审核　　制单

转 账 凭 证

年　　月　　日　　　　　字第　　号

摘　　要	总账科目	明细科目	借方金额										贷方金额									
			亿	千	百	十	万	千	百	十	元	角	分	亿	千	百	十	万	千	百	十	元	角	分
合　　计																									

附件　　张

会计主管　　复核　　记账　　出纳　　审核　　制单

转 账 凭 证

　　　　　　　　　　年　　月　　日　　　　　　字第　　号

摘　　要	总账科目	明细科目	借方金额											贷方金额											√
			亿	千	百	十	万	千	百	十	元	角	分	亿	千	百	十	万	千	百	十	元	角	分	
合　　计																									

附件　　张

会计主管　　　　复核　　　　记账　　　　出纳　　　　审核　　　　制单

转 账 凭 证

　　　　　　　　　　年　　月　　日　　　　　　字第　　号

摘　　要	总账科目	明细科目	借方金额											贷方金额											√
			亿	千	百	十	万	千	百	十	元	角	分	亿	千	百	十	万	千	百	十	元	角	分	
合　　计																									

附件　　张

会计主管　　　　复核　　　　记账　　　　出纳　　　　审核　　　　制单

转 账 凭 证

　　　　　　　　　　　　年　月　日　　　　　　　字第　号

摘要	总账科目	明细科目	借方金额 亿千百十万千百十元角分	贷方金额 亿千百十万千百十元角分	√
					附件
					张
合　计					

会计主管　　　复核　　　记账　　　出纳　　　审核　　　制单

转 账 凭 证

　　　　　　　　　　　　年　月　日　　　　　　　字第　号

摘要	总账科目	明细科目	借方金额 亿千百十万千百十元角分	贷方金额 亿千百十万千百十元角分	√
					附件
					张
合　计					

会计主管　　　复核　　　记账　　　出纳　　　审核　　　制单

二、现金日记账、银行存款日记账
1. 现金日记账

现 金 日 记 账

第 页

年		凭证号数	摘要	存入(收款)										支取(付款)										结余									
月	日			千	百	十	万	千	百	十	元	角	分	千	百	十	万	千	百	十	元	角	分	千	百	十	万	千	百	十	元	角	分

现 金 日 记 账

第　　页

年		凭证号数	摘要	存入(收款)									支取(付款)									结余								
月	日			千	百	十	万	千	百	十	元	角	分	千	百	十	万	千	百	十	元	角	分	千	百	十	万	千	百	十	元	角	分

2. 银行存款日记账

银行存款 日记账

第 页

年		凭证字号	摘要	结算凭证		存入(收款)									支取(付款)									结余								
月	日			种类	号数	千	百	十	万	千	百	十	元	角	分	千	百	十	万	千	百	十	元	角	分	千	百	十	万	千	百	十	元	角	分

银行存款 日记账

第 页

年		凭证号数		摘要	结算凭证		存入(收款)									支取(付款)									结余								
月	日	收款	付款		种类	号数	千	百	十	万	千	百	十	元	角	分	千	百	十	万	千	百	十	元	角	分	千	百	十	万	千	百	十	元	角	分

三、总分类账

年		凭证		摘要	参考	借方									贷方									借或贷	余额									核对
月	日	种类	号数			千	百	十	万	千	百	十	元	角	分	千	百	十	万	千	百	十	元	角	分		千	百	十	万	千	百	十	元	角	分	

账号	总页数
页数

账号	总页数
页数	

年 月 日	凭证		摘要	参考	借方									贷方									借或贷	余额									核对
	种类	号数			千	百	十	万	千	百	十	元	角	分	千	百	十	万	千	百	十	元	角	分		千	百	十	万	千	百	十	元	角	分	

年 月	凭证 种类	凭证 号数	摘要	参考	借方 千百十万千百十元角分	贷方 千百十万千百十元角分	借 或 贷	余额 千百十万千百十元角分	核对

账号　总页数
页数

账号	总页数
	页数

年		凭证		摘要	参考	借方								贷方								借或贷	余额								核对
月	日	种类	号数			千	百	十	万	千	百	十	元	角	分	千	百	十	万	千	百	十	元	角	分		千	百	十	万	千	百	十	元	角	分	

账号	总页数
页数	

年	凭证		摘要	参考	借方									贷方									借或贷	余额									核对
月 日	种类	号数			千	百	十	万	千	百	十	元	角	分	千	百	十	万	千	百	十	元	角	分		千	百	十	万	千	百	十	元	角	分	

年 月	日	凭证 种类	号数	摘要	参考	借方 千百十万千百十元角分	贷方 千百十万千百十元角分	借 或 贷	余额 千百十万千百十元角分	核对

账号　总页数
页数

账号	总页数
	页数

年		凭证		摘要	参考	借方									贷方									借或贷	余额									核对
月	日	种类	号数			千	百	十	万	千	百	十	元	角	分	千	百	十	万	千	百	十	元	角	分		千	百	十	万	千	百	十	元	角	分	

账号	总页数
页数	

年 月	日	凭证		摘要	参考	借方									贷方									借或贷	余额									核对
		种类	号数			千	百	十	万	千	百	十	元	角	分	千	百	十	万	千	百	十	元	角	分		千	百	十	万	千	百	十	元	角	分	

年		凭证		摘要	参考	借方									贷方									借或贷	余额									核对
月	日	种类	号数			千	百	十	万	千	百	十	元	角	分	千	百	十	万	千	百	十	元	角	分		千	百	十	万	千	百	十	元	角	分	

账号	总页数
页数

年		凭证		摘要	参考	借方									贷方									借或贷	余额									核对
月	日	种类	号数			千	百	十	万	千	百	十	元	角	分	千	百	十	万	千	百	十	元	角	分		千	百	十	万	千	百	十	元	角	分	

账号　总页数
页数

年		凭证		摘要	参考	借方									贷方									借或贷	余额									核对
月	日	种类	号数			千	百	十	万	千	百	十	元	角	分	千	百	十	万	千	百	十	元	角	分		千	百	十	万	千	百	十	元	角	分	

账号　总页数
页数

年月	凭证		摘要	参考	借方									贷方									借或贷	余额									核对
日	种类	号数			千	百	十	万	千	百	十	元	角	分	千	百	十	万	千	百	十	元	角	分		千	百	十	万	千	百	十	元	角	分	

年	月	日	凭证		摘要	参考	借方								贷方								借或贷	余额								核对
			种类	号数			千	百	十	万	千	百	十	元	角	分	千	百	十	万	千	百	十	元	角	分		千	百	十	万	千	百	十	元	角	分	

账号　总页数

页数

年	凭证		摘要	参考	借方										贷方										余额										借或贷	核对
月 日	种类	号数			千	百	十	万	千	百	十	元	角	分	千	百	十	万	千	百	十	元	角	分	千	百	十	万	千	百	十	元	角	分		

账号　总页数
页数

账号	总页数
	页数

年	凭证		摘要	参考	借方								贷方								借或贷	余额								核对
月 日	种类	号数			千	百	十	万	千	百	十	元 角 分	千	百	十	万	千	百	十	元 角 分		千	百	十	万	千	百	十	元 角 分	

年	凭证		摘要	参考	借方									贷方									借或贷	余额									核对
月 日	种类	号数			千	百	十	万	千	百	十	元	角	分	千	百	十	万	千	百	十	元	角	分		千	百	十	万	千	百	十	元	角	分	

账号 / 总页数
页数

年		凭证		摘要	参考	借方									贷方								借或贷	余额								核对
月	日	种类	号数			千	百	十	万	千	百	十	元	角	分	千	百	十	万	千	百	十	元	角	分		千	百	十	万	千	百	十	元	角	分	

账号　总页数
页数

账号	总页数
	页数

年		凭证		摘要	参考	借方										贷方										余额										核对
月	日	种类	号数			千	百	十	万	千	百	十	元	角	分	千	百	十	万	千	百	十	元	角	分	千	百	十	万	千	百	十	元	角	分	借或贷

账号	总页数
	页数

年	凭证		摘要	参考	借方									贷方									借或贷	余额									核对
月 日	种类	号数			千	百	十	万	千	百	十	元	角	分	千	百	十	万	千	百	十	元	角	分		千	百	十	万	千	百	十	元	角	分	

年		凭证		摘要	参考	借方									贷方									借或贷	余额									核对
月	日	种类	号数			千	百	十	万	千	百	十	元	角	分	千	百	十	万	千	百	十	元	角	分		千	百	十	万	千	百	十	元	角	分	

账号 / 总页数
页数

年月	凭证		摘要	参考	借方									贷方									借或贷	余额									核对
日	种类	号数			千	百	十	万	千	百	十	元	角	分	千	百	十	万	千	百	十	元	角	分		千	百	十	万	千	百	十	元	角	分	

账号　总页数
　　　　页数

年		凭证		摘要	参考	借方								贷方								借或贷	余额								核对
月	日	种类	号数			千	百	十	万	千	百	十	元	角	分	千	百	十	万	千	百	十	元	角	分		千	百	十	万	千	百	十	元	角	分	

账号　总页数
　　　页数

年	凭证		摘要	参考	借方									贷方									借或贷	余额									核对
月 日	种类	号数			千	百	十	万	千	百	十	元	角 分	千	百	十	万	千	百	十	元	角	分		千	百	十	万	千	百	十	元	角 分	

账号 ／ 总页数
页数

年		凭证		摘要	参考	借方								贷方								借或贷	余额								核对
月	日	种类	号数			千	百	十	万	千	百	十	元	角	分	千	百	十	万	千	百	十	元	角	分		千	百	十	万	千	百	十	元	角	分	

账号 / 总页数 / 页数

年		凭证		摘要	参考	借方									贷方									借或贷	余额									核对
月	日	种类	号数			千	百	十	万	千	百	十	元	角	分	千	百	十	万	千	百	十	元	角	分		千	百	十	万	千	百	十	元	角	分	

账号　总页数
　　　页数

年		凭证		摘要	参考	借方									贷方									借或贷	余额									核对
月	日	种类	号数			千	百	十	万	千	百	十	元	角	分	千	百	十	万	千	百	十	元	角	分		千	百	十	万	千	百	十	元	角	分	

账号　总页数
　　　页数

年	凭证		摘要	参考	借方										贷方										借或贷	余额										核对
月 日	种类	号数			千	百	十	万	千	百	十	元	角	分	千	百	十	万	千	百	十	元	角	分		千	百	十	万	千	百	十	元	角	分	

账号　总页数
　　　　页数

年	月	日	凭证		摘要	参考	借方										贷方										借或贷	余额										核对
			种类	号数			千	百	十	万	千	百	十	元	角	分	千	百	十	万	千	百	十	元	角	分		千	百	十	万	千	百	十	元	角	分	

账号　总页数
页数

账号		总页数	
页数			

年月	日	凭证		摘要	参考	借方								贷方								借或贷	余额								核对
		种类	号数			千	百	十	万	千	百	十	元	角	分	千	百	十	万	千	百	十	元	角	分		千	百	十	万	千	百	十	元	角	分	

年		凭证		摘要	参考	借方									贷方									借或贷	余额									核对
月	日	种类	号数			千	百	十	万	千	百	十	元	角	分	千	百	十	万	千	百	十	元	角	分		千	百	十	万	千	百	十	元	角	分	

账号　总页数
页数

账号	总页数
页数	

年 月	凭证		摘要	参考	借方								贷方								借或贷	余额								核对
日	种类	号数			千	百	十	万	千	百	十	元	角	分	千	百	十	万	千	百	十	元	角	分		千	百	十	万	千	百	十	元	角	分	

账号	总页数
	页数

年		凭证		摘要	参考	借方								贷方								借或贷	余额								核对
月	日	种类	号数			千	百	十	万	千	百	十	元	角	分	千	百	十	万	千	百	十	元	角	分		千	百	十	万	千	百	十	元	角	分	

账号	总页数																									
	页数																									

年	凭证		摘要	参考	借方									贷方								借或贷	余额								核对
月 日	种类	号数			千	百	十	万	千	百	十	元	角	分	千	百	十	万	千	百	十	元	角	分		千	百	十	元	角	分	

账号	总页数
	页数

年		凭证		摘要	参考	借方								贷方								借或贷	余额								核对
月	日	种类	号数			千	百	十	万	千	百	十	元	角	分	千	百	十	万	千	百	十	元	角	分		千	百	十	万	千	百	十	元	角	分	

账号	总页数
页数	

年		凭证		摘要	参考	借方									贷方									借或贷	余额									核对
月	日	种类	号数			千	百	十	万	千	百	十	元	角	分	千	百	十	万	千	百	十	元	角	分		千	百	十	万	千	百	十	元	角	分	

年		凭证		摘要	参考	借方									贷方									借或贷	余额									核对
月	日	种类	号数			千	百	十	万	千	百	十	元	角	分	千	百	十	万	千	百	十	元	角	分		千	百	十	万	千	百	十	元	角	分	

账号 | 总页数
页数 |

账号		总页数	
	页数		

年		凭证		摘要	参考	借方	贷方	余额	核对
月	日	种类	号数			千百十万千百十元角分	千百十万千百十元角分	借贷 千百十万千百十元角分	

年		凭证		摘要	参考	借方									贷方									借或贷	余额									核对
月	日	种类	号数			千	百	十	万	千	百	十	元	角	分	千	百	十	万	千	百	十	元	角	分		千	百	十	万	千	百	十	元	角	分	

账号　总页数
页数

账号		总页数	

年	凭证		摘要	参考	借方									贷方									借或贷	余额									核对
月 日	种类	号数			千	百	十	万	千	百	十	元	角 分	千	百	十	万	千	百	十	元	角	分		千	百	十	万	千	百	十	元	角 分	

页数

年	凭证		摘要	参考	借方								贷方								借或贷	余额								核对
月 日	种类	号数			千	百	十	万	千	百	十	元	角	分	千	百	十	万	千	百	十	元	角	分		千	百	十	万	千	百	十	元	角	分	

账号　总页数
　　　页数

四、三栏式明细账

年 月 日	凭证 种类 号数	摘要	参考	借方 千百十万千百十元角分	√	贷方 千百十万千百十元角分	借或贷	余额 千百十万千百十元角分	核对

账号	总页数
页数

年	凭证		摘要	参考	借方									√	贷方									借贷	余额									核对
月 日	种类	号数			千	百	十	万	千	百	十	元	角	分		千	百	十	万	千	百	十	元	角	分	千	百	十	万	千	百	十	元	角	分	

账号　总页数
　　　　页数

年 月	凭证		摘要	参考	借方								√	贷方								借贷	余额								核对
日	种类	号数			千	百	十	万	千	百	十	元	角	分		千	百	十	万	千	百	十	元	角	分		千	百	十	万	千	百	十	元	角	分	

账号　总页数
页数

年		凭证		摘要	参考	借方									√	贷方									借或贷	余额									核对
月	日	种类	号数			千	百	十	万	千	百	十	元	角	分		千	百	十	万	千	百	十	元	角	分		千	百	十	万	千	百	十	元	角	分	

账号 / 总页数
页数

账号	总页数
	页数

年	凭证		摘要	参考	借方									√	贷方									借或贷	余额									核对
月 日	种类	号数			千	百	十	万	千	百	十	元	角	分		千	百	十	万	千	百	十	元	角	分		千	百	十	万	千	百	十	元	角	分	

年	凭证		摘要	参考	借方									√	贷方									借或贷 √	余额									核对
月 日	种类	号数			千	百	十	万	千	百	十	元	角 分		千	百	十	万	千	百	十	元	角 分		千	百	十	万	千	百	十	元	角 分	

账号　总页数
　　　页数

年	凭证		摘要	参考	借方		√	贷方		借或贷	余额		核对
月 日	种类	号数			千百十万千百十元角分			千百十万千百十元角分			千百十万千百十元角分		

账号　总页数
　　　　页数

账号	总页数
页数	

年		凭证		摘要	参考	借方								贷方								借或贷 √	余额								核对
月	日	种类	号数			千	百	十	万	千	百	十	元	角	分	千	百	十	万	千	百	十	元	角	分		千	百	十	万	千	百	十	元	角	分	

账号	总页数																													
	页数																													

年	凭证		摘要	参考	借方									√	贷方									借或贷	余额								核对
月 日	种类	号数			千	百	十	万	千	百	十	元	角	分		千	百	十	万	千	百	十	元	角	分		千	百	十	万	千	百	十	元	角	分	

账号	总页数
	页数

年		凭证		摘要	参考	借方								√	贷方								借或贷	余额								核对
月	日	种类	号数			千	百	十	万	千	百	十	元	角	分		千	百	十	万	千	百	十	元	角	分		千	百	十	万	千	百	十	元	角	分	

账号	总页数
	页数

年 月 日	凭证 种类 号数	摘要	参考	借方 千百十万千百十元角分	∨	贷方 千百十万千百十元角分	借或贷	余额 千百十万千百十元角分	核对

年	凭证		摘要	参考	借方									√	贷方									√ 借 或 贷	余额									核对
月 日	种类	号数			千	百	十	万	千	百	十	元	角	分		千	百	十	万	千	百	十	元	角	分		千	百	十	万	千	百	十	元	角	分	

账号 ｜ 总页数
页数

账号	总页数
	页数

年		凭证		摘要	参考	借方									贷方									√	借或贷	余额									核对
月	日	种类	号数			千	百	十	万	千	百	十	元	角	分	千	百	十	万	千	百	十	元	角	分			千	百	十	万	千	百	十	元	角	分	

年 月 日	凭证 种类	凭证 号数	摘要	参考	借方										√	贷方										借或贷	余额										核对
					千	百	十	万	千	百	十	元	角	分		千	百	十	万	千	百	十	元	角	分		千	百	十	万	千	百	十	元	角	分	

账号　总页数
　　　页数

年		凭证		摘要	参考	借方									√	贷方									借或贷	余额									核对
月	日	种类	号数			千	百	十	万	千	百	十	元	角	分		千	百	十	万	千	百	十	元	角	分		千	百	十	万	千	百	十	元	角	分	

账号　总页数
　　　页数

账号	总页数
	页数

年		凭证		摘要	参考	借方									贷方								√	借或贷	余额								核对
月	日	种类	号数			千	百	十	万	千	百	十	元	角	分	千	百	十	万	千	百	十	元	角	分			千	百	十	万	千	百	十	元	角	分	

年 月 日	凭证 种类 号数		摘　要	参考	借　方 千百十万千百十元角分	√	贷　方 千百十万千百十元角分	借或贷	余　额 千百十万千百十元角分	核对

账号	总页数
	页数

账号	总页数
	页数

年		凭证		摘要	参考	借方									√	贷方									借或贷	余额									核对
月	日	种类	号数			千	百	十	万	千	百	十	元	角	分		千	百	十	万	千	百	十	元	角	分		千	百	十	万	千	百	十	元	角	分	

年		凭证		摘要	参考	借方									√	贷方									借或贷	余额									核对
月	日	种类	号数			千	百	十	万	千	百	十	元	角	分		千	百	十	万	千	百	十	元	角	分		千	百	十	万	千	百	十	元	角	分	

账号　总页数
　　　　页数

年 月 日	凭证 种类 号数	摘要	参考	借方 千百十万千百十元角分	√	贷方 千百十万千百十元角分	借或贷 √	余额 千百十万千百十元角分	核对

账号 / 页数 | 总页数

年 月	凭证 种类	凭证 号数	摘要	参考	借方 千百十万千百十元角分	√	贷方 千百十万千百十元角分	借或贷	余额 千百十万千百十元角分	核对

账号 _____ 总页数 _____
页数 _____

年		凭证		摘要	参考	借方									贷方									借或贷	余额									核对
月	日	种类	号数			千	百	十	万	千	百	十	元	角	分	千	百	十	万	千	百	十	元	角	分		千	百	十	万	千	百	十	元	角	分	

账号 总页数
页数

年 月	日	凭证 种类	号数	摘要	参考	借方 千百十万千百十元角分	√	贷方 千百十万千百十元角分	借或贷	余额 千百十万千百十元角分	核对

账号　总页数
页数

账号	总页数
	页数

年		凭证		摘要	参考	借方									√	贷方									借或贷	余额									核对
月	日	种类	号数			千	百	十	万	千	百	十	元	角	分		千	百	十	万	千	百	十	元	角	分		千	百	十	万	千	百	十	元	角	分	

年	凭证		摘要	参考	借方									贷方									√ 借或贷	余额									核对	账号	总页数
月 日	种类	号数			千	百	十	万	千	百	十	元	角 分	千	百	十	万	千	百	十	元	角 分		千	百	十	万	千	百	十	元	角 分			页数

账号	总页数
	页数

年 月	凭证 种类	凭证 号数	摘要	参考	借方									√	贷方									借 或 贷	余额									核对
					千	百	十	万	千	百	十	元	角	分		千	百	十	万	千	百	十	元	角	分		千	百	十	万	千	百	十	元	角	分	

年 月 日	凭证 种类 号数	摘要	参考	借方 千百十万千百十元角分	√	贷方 千百十万千百十元角分	借或贷 √	余额 千百十万千百十元角分	核对

账号 / 总页数 / 页数

年	凭证		摘要	参考	借方									贷方									借或贷	余额									核对
月 日	种类	号数			千	百	十	万	千	百	十	元	角 分	千	百	十	万	千	百	十	元	角 分	√	千	百	十	万	千	百	十	元	角 分	

账号 总页数
页数

年 月	凭证 种类	凭证 号数	摘要	参考	借方 千百十万千百十元角分	√	贷方 千百十万千百十元角分	借贷	余额 千百十万千百十元角分	核对

账号 / 页数 　　总页数

账号	总页数
	页数

凭证		摘要	参考	借方							贷方							借或贷	余额							核对
种类	号数			千	百	十	万	千	百	十	元	角	分	千	百	十	万	千	百	十	元	角	分	√	千	百	十	万	千	百	十	元	角	分	

年　月　日

五、数量金额式明细账

最高存量：
最低存量：

账号
总页数
页数

类别_____ 储存处所_____ 规格_____ 计量单位_____ 明细科目_____ 计划单位_____

年		凭证字号	摘要	数量	单价	收入 金额 百十万千百十元角分	数量	单价	发出 金额 百十万千百十元角分	数量	单价	结余 金额 百十万千百十元角分	核对号
月	日												

188

类别	年 月 日	凭证字号	摘要	数量	单价	收入 金额 百十万千百十元角分	数量	单价	发出 金额 百十万千百十元角分	数量	单价	结余 金额 百十万千百十元角分	核对号

最高存量：
最低存量：
储存处所_____ 规格_____ 计量单位_____
明细科目_____ 计划单位：_____
账号____ 页数____ 总页数____

最高存量：
最低存量：

账号 总页数
页数

类别_____ 储存处所_____ 规格_____ 计量单位_____ 明细科目_____ 计划单位：_____

年		凭证字号	摘要	收入			发出			结余			核对
月	日			数量	单价	金额 百十万千百十元角分	数量	单价	金额 百十万千百十元角分	数量	单价	金额 百十万千百十元角分	

数量金额式明细账

最高存量：_____
最低存量：_____

账号 _____
总页数 _____
页数 _____

类别 _____　储存处所 _____　规格 _____　计量单位 _____　明细科目 _____　计划单位 _____

年		凭证字号	摘要	收入			发出			结余			核对号
月	日			数量	单价	金额 百十万千百十元角分	数量	单价	金额 百十万千百十元角分	数量	单价	金额 百十万千百十元角分	

最高存量：
最低存量：

账号
页数
总页数

明细科目
计划单位：

类别 储存处所 规格 计量单位

年		凭证字号	摘要	收入			发出			结余		核对号
月	日			数量	单价	金额 百十万千百十元角分	数量	单价	金额 百十万千百十元角分	单价	金额 百十万千百十元角分	

最高存量：																												账号	总页数	
最低存量：																													页数	

类别_____ 储存处所_____ 规格_____ 计量单位_____ 明细科目_____ 计划单位：_____

凭证字号		摘要	收入								发出								结余								核对号
年			数量	单价	金额						数量	单价	金额						数量	单价	金额						
月	日				百	十	万	千	百	十	元	角	分			百	十	万	千	百	十	元	角	分	百	十	万	千	百	十	元	角	分	

最高存量：	
最低存量：	

账号	总页数
	页数

类别＿＿＿＿ 储存处所＿＿＿＿ 规格＿＿＿＿ 计量单位＿＿＿＿ 明细科目＿＿＿＿ 计划单位：＿＿＿＿

年	凭证字号	摘要	收入				发出				结余			核对号
月 日			数量	单价	金额 百十万千百十元角分		数量	单价	金额 百十万千百十元角分		数量	单价	金额 百十万千百十元角分	

七、试算平衡表

总分类账户余额试算平衡表

科目名称	期初余额		本期发生额		期末余额	
	借方	贷方	借方	贷方	借方	贷方
库存现金						
银行存款						
应收账款						
预付账款						
其他应收款						
原材料						
库存商品						
投资性房地产						
长期股权投资						
固定资产						
累计折旧						
待处理财产损溢						
长期待摊费用						
生产成本						
制造费用						
短期借款						
应付账款						
预收账款						
其他应付款						
应付职工薪酬						
应交税费						
长期借款						
实收资本						
盈余公积						
资本公积						

接上表

科目名称	期初余额		本期发生额		期末余额	
	借方	贷方	借方	贷方	借方	贷方
盈余公积						
本年利润						
利润分配						
应付利息						
主营业务收入						
其他业务收入						
主营业务成本						
其他业务成本						
销售费用						
营业税金及附加						
管理费用						
财务费用						
投资收益						
营业外收入						
营业外支出						
所得税费用						
合计						

八、银行存款余额调节表

银行存款余额调节表

项目	金额	项目	金额
调节后余额		调节后余额	

九、资产负债表

资 产 负 债 表

编制单位：　　　　　　　　　20　年　月　日　　　　　　　　　金额单位：元

资　　产	期末余额	年初余额	负债和所有者权益	期末余额	年初余额
流动资产：			流动负债：		
货币资金			短期借款		
交易性金融资产			交易性金融负债		
应收票据			应付票据		
应收账款			应付账款		
预付款项			预收款项		
应收利息			应付职工薪酬		
应收股利			应交税费		
其他应收款			应付利息		
存　货			应付股利		
一年内到期的非流动资产			其他应付款		
其他流动资产			一年内到期的非流动负债		
流动资产合计			其他流动负债		
非流动资产：			流动负债合计		
可供出售金融资产			非流动负债：		
持有至到期投资			长期借款		
长期应收款			应付债券		
长期股权投资			长期应付款		
投资性房地产			专项应付款		
固定资产			预计负债		
在建工程			递延所得税负债		
工程物资			其他非流动负债		
固定资产清理			非流动负债合计		
生产性生物资产			负债合计		
油气资产			所有者权益：		
无形资产			实收资本		
开发支出			资本公积		
商　誉			减：库存股		
长期待摊费用			盈余公积		
递延所得税资产			未分配利润		
其他非流动资产			所有者权益合计		
非流动资产合计					
资产总计			负债和所有者权益总计		

十、利润表

利 润 表

编制单位：　　　　　　　　　　年　月　　　　　　　　　金额单位：元

项　目	本月金额	本年累计金额
一、营业收入		
减：营业成本		
营业税金及附加		
销售费用		
管理费用		
财务费用		
资产减值损失		
加：公允价值变动收益（损失以"－"号填列）		
投资收益（损失以"－"号填列）		
其中：对联营企业和合营企业的投资收益		
二、营业利润（亏损以"－"号填列）		
加：营业外收入		
减：营业外支出		
其中：非流动资产处置损失		
三、利润总额（亏损总额以"－"号填列）		
减：所得税费用		
四、净利润（净亏损以"－"号填列）		
五、每股收益		
（一）基本每股收益		
（二）稀释每股收益		

十一、现金流量表

现金流量表

编制单位： 　　　　　　年　　月　　　　　　金额单位:元

项　　目	本期金额	上期金额
一、经营活动产生的现金流量：		
销售商品、提供劳务收到的现金		
收到的税费返还		
收到其他与经营活动有关的现金		
经营活动现金流入小计		
购买商品、接受劳务支付的现金		
支付给职工以及为职工支付的现金		
支付的各项税费		
支付其他与经营活动有关的现金		
经营活动现金流出小计		
经营活动产生的现金流量净额		
二、投资活动产生的现金流量：		
收回投资所收到的现金		
取得投资收益收到的现金		
处置固定资产、无形资产和其他长期资产收回的现金净额		
处置子公司和其他营业单位收到的现金净额		
收到其他与投资活动有关的现金		
投资活动现金流入小计		
购建固定资产、无形资产和其他长期资产支付的现金		
投资支付的现金		
取得子公司及其他营业单位支付的现金净额		
支付其他与投资活动有关的现金		
投资活动现金流出小计		
投资活动产生的现金流量净额		
三、筹资活动产生的现金流量：		
吸收投资收到的现金		
取得借款收到的现金		
收到其他与筹资活动有关的现金		
筹资活动现金流入小计		
偿还债务支付的现金		
分配股利、利润或偿付利息支付的现金		
支付其他与筹资活动有关的现金		
筹资活动现金流出小计		

接上表

项　　目	本期金额	上期金额
筹资活动产生的现金流量净额		
四、汇率变动对现金及现金等价物的影响额		
五、现金及现金等价物净增加额		
加:期初现金及现金等价物余额		
六、期末现金及现金等价物余额		
补充资料	本期金额	上期金额
1.将净利润调节为经营活动的现金流量:		
净利润		
加:资产减值准备		
固定资产折旧、油气资产折耗、生产性生物资产折旧		
无形资产摊销		
长期待摊费用摊销		
处置固定资产、无形资产和其他长期资产的损失(收益以"-"号填列)		
固定资产报废损失(收益以"-"号填列)		
公允价值变动损失(收益以"-"号填列)		
财务费用(收益以"-"号填列)		
投资损失(收益以"-"号填列)		
递延所得税资产减少(增加以"-"号填列)		
递延所得税负债增加(减少以"-"号填列)		
存货的减少(增加以"-"号填列)		
经营性应收项目的减少(增加以"-"号填列)		
经营性应付项目的增加(减少以"-"号填列)		
其他		
经营活动产生的现金流量净额		
2.不涉及现金收支的投资与筹资活动:		
债务转为资本		
一年内到期的可转换公司债券		
融资租入固定资产		
3.现金及现金等价物净变动情况:		
现金的期末余额		
减:现金的期初余额		
加:现金等价物的期末余额		
减:现金等价物的期初余额		
现金及现金等价物净增加额		

十二、所有者权益变动表

所有者权益变动表

编制单位： 　　　　　　　　　年度　　　　　　　　　金额单位：元

项　目	本　年　金　额						上年金额
	实收资本（或股本）	资本公积	减：库存股	盈余公积	未分配利润	所有者权益合计	（略）
一、上年年末余额							
加：会计政策变更							
前期差错更正							
二、本年年初余额							
三、本年增减变动金额（减少以"-"号填列）							
（一）净利润							
（二）直接计入所有者权益的利得和损失							
1.可供出售金融资产公允价值变动净额							
2.权益法下被投资单位其他所有者权益变动的影响							
3.与计入所有者权益项目相关的所得税影响							
4.其他							
上述（一）和（二）小计							
（三）所有者投入和减少资本							
1.所有者投入资本							
2.股份支付计入所有者权益的金额							
3.其他							
（四）利润分配							
1.提取盈余公积							
2.对所有者（或股东）的分配							